TURING
图灵教育

站在巨人的肩上
Standing on the Shoulders of Giants

李文　王瑞—著

混序

小团队管理

带团队的
三大原则和十项修炼

CHAORD

人民邮电出版社

北京

图书在版编目（CIP）数据

混序小团队管理 ：带团队的三大原则和十项修炼 /
李文，王瑞著. -- 北京 ：人民邮电出版社，2022.9（2024.1 重印）
ISBN 978-7-115-59886-8

Ⅰ. ①混… Ⅱ. ①李… ②王… Ⅲ. ①团队管理
Ⅳ. ①C936

中国版本图书馆CIP数据核字(2022)第151430号

内 容 提 要

30 多年来，互联网和去中心化兴起，自上而下、中心化和封闭的组织和管理方式正被改变。在组织中，团队管理的一大特点与趋势，就是小团队。实践表明，小团队的方式能够充分发挥每个成员的主动性和积极性，提高整个团队的生产力。但是，小团队到底该如何组织和管理才卓有成效呢？

在本书中，作者以独特的"混出创意，序出结果"的演化迭代思想，为我们展示了多个领域中无边界的跨界小团队的实践情景。具体而言，本书对于如何运用混序小团队的管理方法促进转变的发生和迎接挑战做出了非常详细的阐述，也提供了一些生动的案例，包括如何发起、组建跨界破圈小团队；如何激发团队成员实现创意落地；如何通过网络小团队让移动式工作、线上共享、异地合作变得更轻松；如何通过创立社群、吸引同道、共享信息、引发共念锻炼领导力、组织力、凝聚力、感召力；如何借助小团队创业创富。

本书适合项目经理和各级管理者、创业者阅读。

◆ 著　　　　李 文 王 瑞
　　责任编辑　王振杰
　　责任印制　彭志环

◆ 人民邮电出版社出版发行　　北京市丰台区成寿寺路11号
　　邮编　100164　电子邮件　315@ptpress.com.cn
　　网址　https://www.ptpress.com.cn
　　三河市中晟雅豪印务有限公司印刷

◆ 开本：880×1230　1/32
　　印张：10.75　　　　　　2022年9月第1版
　　字数：206千字　　　　2024年1月河北第5次印刷

定价：79.80元

读者服务热线：(010)84084456-6009　印装质量热线：(010)81055316
反盗版热线：(010)81055315
广告经营许可证：京东市监广登字 20170147 号

目 录

上篇
带团队的三大原则　001

第1章　原则一：先成就别人，后成就自己

第 2 章　原则二：行动才是一切的答案

第 3 章　原则三：天下没有无用的人

下篇
带团队的十项修炼 081

第4章 修炼一:先混人,后序事

第5章 修炼二：讲故事，带新人

第6章 修炼三：设目标，激活力

第 7 章　修炼四：拆项目，抓灵魂

第 8 章　修炼五：多激励，少控制

第 9 章 修炼六：行中知，干中学

第 10 章 修炼七：破圈层，干副业

第 13 章　修炼十：项目化，团队制

赞 誉

　　今天中国和世界的许多产业巨头，都来自"小而美"的创业企业。要有效地管理好"小而美"的企业，既有宏观要素，又有微观运营，既要强调创业者的自我管理，也要注重企业文化和机制的建设。李文兄的著作深入浅出，涵盖了"小而美"创业的方方面面，是难得一见的好书。

——季卫东

全明星基金创始人、前摩根士丹利董事总经理

　　在崇尚自我的时代，组织正在以更加多元的形式存在。互联网思维潜移默化地影响了人们的行为逻辑。组建团队或精进个人，都需要理念上的更新。希望你从本书中收获不确定时代里的更多确定性，在追梦的路上收获更多志同道合、携手并进的伙伴。

——毛大庆博士　优客工场创始人

在数字化元宇宙时代，分布式、去中心化的组织方式，正在快速改变我们的世界。混序小团队就是其中最有代表性的自组织之一。让有梦想的人自由组合，激发个体的潜在创造力，跨越传统公司和市场的边界，使创意成果高效实现。李文博士把他在混序部落通过亲身实践总结出的经验和方法浓缩在本书中，我非常赞赏并强烈推荐。

——刘科　南方科技大学创新创业学院院长

我们生活在一个重新定义领导、创业、追梦的时代。本书寓教于行，深入浅出，点亮一盏盏灯，给奋斗者引路，为未来青年领袖、创业者、追梦人提供了良好的管理工具和领导方法论。

——成长青　法国兴业银行中国有限公司董事长
美国高盛中国区前董事总经理

个人自由不仅是道德的源泉，也是群体合作的前提。技术赋予了个人更强的能力，从而释放出更大的自由。具有强大能力的自由人之间如何有效合作是未来的重大问题之一，李文博士的这本书给出了最早的答案。

——王维嘉博士　硅谷风险投资家
畅销书《暗知识：机器认知如何颠覆商业和社会》作者

混沌中独立的个体，通过自由地连接，形成互惠的合作关系，逐渐生长出秩序，是大自然最深刻的规律，也是人类社会最深刻的规律。李文博士发起的混序部落，带动了一批创业团队的成长，生动地体现了这个伟大的规律。

——肖知兴博士 领教工坊创始人

我非常认同李文博士在新作中提出的核心观点，包括个体自由组合形成小团队，以及此类小团队最有效的构成是跨界混合型的。这就是"混序小团队"的主题或中心思想。我认同的原因有三。

第一，"混序小团队"的理念与生态系统（自组织、相互依赖、共享基础设施平台、既竞争又合作的共生关系为其四大核心特征）的框架高度吻合。

第二，"混序小团队"与中国传统哲学的核心理念——阴阳平衡高度一致，既包含混乱，又包含秩序，将悖论的两大要素视为既相克，又相生。

第三，"混序小团队"与我近期研究的"前中后"三台组织架构高度相关。因此，我热情推荐李文博士的新作。

——李平教授
宁波诺丁汉大学国际企业管理领域李达三首席教授
丹麦哥本哈根商学院中国企业管理领域终身正教授

推荐序

共同想象与合作是人类在进化过程中脱离原始动物性，发展为智人，走向更高级文明的重要一步。与之类似，要想发起一个小组织、凝聚一小批人、实现一个小梦想、打造一个新产品，确立团队目标和制订有效计划一直是团队管理者在与不确定性博弈的过程中面临的核心挑战。工业革命后，各个产业的规模化催生的流程标准化带来了工业时代的组织结构和管理方法。这套层级制、中心化的理论和方法正在面临以数字经济为特征的移动互联时代的挑战。

过去 30 多年来互联网的普及和去中心化的兴起，在改变人们生活方式的同时，也给人们的协作、组织、管理与合作方式带来了新的机遇和改变。人工智能的普及使得相当一部分传统、大规模、重复性的工作被自动化和数字化替代。在这些大势下，自上而下、中心化、大规模、封闭型的组织和管理方式正在被改变，加之过去两年来，形势的变化迫使许多公司让雇员居家办公，这也在很大程度上推动了分布式小团队（小至一人）的实践。李文博士的这本书正是对在这些新变化下的团队组织、协同和管理方法论和实践的探讨与总结，尤其是针对如何利用混序原理更有效地组织、协同和管理小团队，给我们带来了耳目一新的实战方法，是对去中心化、开放式的小团队落地精华的总结。

在互联网和人工智能时代，团队组织和管理的一个特点和趋势就是小团队、"轻创业"。这种新的方式能够更有效地凝聚一批人制定团队目标，并分解和实施计划，逐步执行直到实现目标。这种方式削弱了过去按岗位分工的机械化，以项目为工作内容，让每个团队成员能够更充分地发挥个人的主动性和积极性，消除厌恶上班、恐惧"内卷"的消极心理，锻炼个人的领导力和组织力，提高团队的凝聚力和感召力，从而使团队的生产力大大提高。这种方式在创意产业，以及互联网行业的创业中，尤其值得大力推广。

这本书在这方面有非常深入、值得细嚼的探讨和描述。团队管理领域所涉及的理论和方法汗牛充栋，本书以独特的"混出创意，序出结果"的演化迭代思想，为我们展示了多个领域中无边界的跨界小团队的实践情景。我尤其推荐本书提出的这一观点——创立和领导十人以内小团队，是今天的管理者需要具备的一项重要的新的职业能力。

今天，我们不光在团队组织和管理上面临着互联网、去中心化、智能合约和人工智能带来的挑战，在管理文化和实践中，如何摆脱几千年所形成的自上而下的"驾驭"逻辑，从被动听命到主动积极，从私人信任到体系信任，从依靠权威到依赖协同，通过自下而上的生发和"涌现"确保分布式组织系统有效运转，这些都是更大的挑战。

本书对于如何运用混序小团队的管理方法促进转变的发生和迎接挑战做出了非常详细的阐述，也提供了一些生动的案例，包括如何发起、组建跨界破圈小团队；如何激发团队成员实现创意落地；如何通过网络小团队让移动式工作、线上共享、异地合作变得更轻松；如何通过创立社群、吸引同道、共享信息、引发共念锻炼领导力、组织力、凝聚力、感召力；如何借助小团队创业创富。这些都是低风险、低成本且卓有成效的企业家精神训练。

李文博士不仅是位实践经验丰富的管理者，还是一个非常深刻的观察者和思考者，更是混序小团队组织和管理思想与实践的积极推动者。经过他的不懈努力和推广，小团队混序管理的理念被越来越多的团队、企业和管理教育者以及培训机构接受。混序管理逐渐成为管理方法论的一个重要部分和发展趋势。我相信这本书的出版将会让更多的管理者和创业者受益，并成为这套新的管理理念、方法和实践的积极推进者。

张宏江博士

智源研究院理事长、美国国家工程院海外院士

原微软亚洲研究院院长、原金山软件首席执行官

2022 年 4 月于北京

自 序

每个时代都有每个时代的机会，但机会总是留给有准备的人。准备工作中很重要的一点是你是否能与别人合作，当今社会对与人合作这一能力的要求超越了以往任何时代。所谓个体崛起时代，实际上是说个体可以自由组合，大家可以自发组成小团队。其核心是个人比原来更自由，能够不依赖于大型组织或者单位，而是形成小型的合作组织，即我们所说的小团队。

个体越独立，合作越必要

个体 IP^① 在崛起，小微企业在崛起，自由职业者在崛起。近几年，移动就业者和居家办公人员越来越多，自由职业者们开始自发联合起来，从事轻资产创业和跨界创业。很多小微创业者改变了过去单打独斗的方式，运用现代即时通信工具，

---

① IP，英文"Intellectual Property"的缩写，直译为"知识产权"，是一个网络流行语。我们可以将其理解为所有成名文创（文学、影视、动漫、游戏等）作品的统称。进一步引申来说，能够凭自身的吸引力，在多个平台上获得流量，进行分发的内容，就是一个 IP，它可以是能带来效应的"现象"，也可以是一款能带来效应的产品。

形成紧密的项目型小组织、小团队。一个小团队拥有比个体更强的生存能力，可以通过相互协作的方式放大每个个体的力量，在团队成长壮大以后，就能产生某种改变现实的力量。

人类从远古的智人开始，通过和别人合作实现生存和发展，这种从个体到小团队的转变是人类能力跨越的第一阶梯。带领小团队也是个人成长的一次突破，能够让你更好地了解自己，同时考虑别人的需求，让别人通过你的付出获得发展和成就。所以无论是赚钱养家，搞点副业，还是发展自己的兴趣爱好，带小团队都是基本功。

每个人都有自己的想法、需求、理想、性格，还有习惯，把大家组织起来就是一个挑战。小团队管理可以锻炼大家从自己做事到带领一批人做事的能力。能力是看不见摸不着的，只能靠自己在实践中体会和把握。同时每个人的能力无法被夺取，会伴随你一生，为你创造价值。

小团队有很多功能，大部分人用它来创业或赚钱，完成某项任务或者实施某项活动。不仅社会自由人之间存在小团队结构，大型组织中也有这样的自由组合的小团队。比如，谷歌的员工在企业里有 20% 的时间自行组织团队开展项目，这给中国的 IT 企业做了很好的示范。腾讯、阿里巴巴、字节跳动、哔哩哔哩、小米公司内部就存在大量的小团队协作，带小团队的产品经理或项目经理是大家羡慕的职位。不少中型公司和正在转型中的传统企业也会大量运用项目化和阿米巴小团队从事创新型工作，投入互联网创业的电商和直播带货公司也都采用项目型小团队模式工作。

跨界小团队成为时代趋势

近些年跨界新媒体应运而生，大家比较熟悉的是自媒体，它们创造了很多网红。网红和其代表的团队能创造几个上市公司的销售收入，获得比传统企业多得多的利润。全球经济形式随着社交媒体的变化、短视频的普及发生着转变。几乎每个人手里都拿着一部智能手机，而手机就是互联网平台的一个极其便利的终端。

在有互联网的地方，个体能够快速对其他个体产生影响，从其他个体那里获得快速关注，进而快速成交，这给个体崛起提供了一个良好的生态和环境。个体 IP 背后，往往有一个和它高度关联的功能系统，我们可以把它叫作支持团队或服务团队。这个团队可能是个体自己组建的，也有可能是合作方。

这样的环境对于想要做点副业的小伙伴也是一个很好的机会，你可以跨界运用个人爱好和特长，把一些和你有共同爱好或者共同梦想的人聚合在一起做些事。以前单位代表的是一个稳定的、让你有归属感的主体结构，然而在当今这个时代，甚至在未来 5~10 年内，小团队将会替代单位成为基本的社会工作组织形式。

几乎每个人都生活在微信里，生活在微信群里。根据腾讯统计，微信日活 12 亿人，短视频风口也带来了 10 多亿人的参与，由互联网＋微信、抖音等平台通过短视频＋直播带来的一种新的社交商业模式给普通小伙伴创造了巨大的商机。它能让普通人在其中创造财富，也是轻资产创业的良好环境。

从混序部落 6 年的实践来看，许多很好地运用了社群的人，他们通过当好一个群主，吸引、感召、领导一批跟他原来没有任何关系的人组成跨界小团队，每年都要创立 100 多个项目，孕育上百个 IP。他们通过社群的开放性和多元化，把处于不同社会阶层、拥有不同专业背景和行业经验、带着不同梦想和初心的人连接在一起，通过小团队的方式创造价值。他们通过经营社群，找到志同道合的伙伴，发展出跨界小团队。

发起一个组织，凝聚一批人，制定共同的愿景和目标，把它分解，一步一步执行直到实现目标。大家觉得这是什么？其实这就是在创业，是在开拓创新。通过做社群来锻炼领导力、组织力、凝聚力、感召力，借助小团队创业、创富，是一种低风险、低成本且卓有成效的企业家精神训练。

熟悉的陌生人

让你随时在线的智能手机的广泛应用，社交媒体的深入人心，让人类点对点的联系从未如此方便快捷，陌生人之间的合作变得比过去任何时候更加容易和高效。我们不妨回望远古时代，最早的原始人都吃素，吃素很容易实现，自己摘果子就行了。人类从吃素到吃肉有个很重要的能力鸿沟要跨越，就是合作能力。

两个原始人合作就可以捕获一头野猪，3 个原始人合作就可以捕获一头野牛，8 个原始人合作就可以捕获一头猛犸象。人类只有合作，才能狩猎体型比我们大的动物，单凭个体的力量是无法捕获这样的大家伙的。合作是人和动物的一个很重要的区别，也是人类进化过程中脱离原始动物性，走向更高级文明的第一步。

尤瓦尔·赫拉利在《人类简史》中认为，发生在 7 万年前的认知革命让智人能够通过虚构的故事让大批互不相识的人相互合作，从而战胜了同时期的其他人种。他认为，远古人类就是因为有了共同的想象和虚构的故事，从而大幅提升陌生人的合作能力，把千千万万的人像胶水一样粘在一起。"走上这条快速道路以后，智人的合作能力一日千里，很快就远远甩掉了其他所有人类和动物物种。"（《人类简史》第 34 页）

从原始社会到奴隶社会再到封建社会，人们关系的本质没有太大差别，都是熟人社会，或者叫亲缘、血缘、裙带社会。只在有血缘关系或几千米地域范围内的人之间展开合作，这是人类过去合作的一个内在的共同点。到了资本主义社会，才开始出现较多陌生人之间的合作。即便如此，陌生人之间的合作也是有限的，因为受到了当时技术条件的限制。如果没有大航海，北美洲的资源就不可能被充分利用，非洲人也不可能在北美种植烟叶。

真正让陌生人可以合作的大时机、大爆发来源于现代技术，因为几乎人人有手机终端，人人可以点对点和别人联系。最开始，个人有一部有线电话都很了不起，陌生个体之间几乎很难建立联系，个体联系大多基于机构之间的合作。人作为个体不能成为一个单独的经济体。只有在我们这个时代，现代科技带给我们的红利，让每个人都可以成为一个独立的经济体和独立的法人主体。

全球各国都认可个体可以作为一个独立的经济体与其他经济体建立经济关系，包括合作。所以，陌生个体间的合作随着技术的突破不断增长。如果说未来的经济趋势有一些是看得见摸得着的，那么我认为，其中之一就是以小团队为基础的陌生人合作经济的快速崛起。

发起你的小团队，去改变世界吧

每个人都有简单的小梦想，有些人马上行动并且坚持不懈就实现了，有些人只是想想而已。短期看来这两种方式区别不大，但是 10 年或者 20 年以后，前者就是改变世界的人，后者中的大多数就是被世界改变的人。

生命本无意义，有了梦想才有意义。有的人一辈子知道好多道理，但最终一事无成，原因就是不脚踏实地，不坚持到底。才能一般的人，懒，坏了一生；才华横溢的人，傲，毁了一生；大多数人自己束缚自己，在后悔中过完一生。

　　发明电视的是美国艾奥瓦州种土豆的一位农民。他从小喜欢无线电收音机，15 岁在田里种土豆时，在地里画出了扫描图案的电磁波原理草图，面对周围人的嘲笑，他从不动摇，一直埋头拆收音机、照相机。终于，在 19 岁的一天，他第一次通过电磁波把一个美元的符号放映在一个有涂层的玻璃上。这个种土豆的农民发明了电视机。他成了改变世界的人。包括美国在内，全世界都惊呆了，当时是 1950 年。

　　历史并不是一条线，而是一张网。思想站在最高处，看着世界的演化。在电脑前点开一个窗口，就是打开一个象，就在瞬间切片了时间和空间。世间万象，本就是流动和不定的，在你观察它的一瞬，它已经不是刚才的样子。

　　信息革命、互联网、人工智能、VR（虚拟现实）、AR（增强现实）、ER（拟真现实）、MR（混合现实）、量子计算、区块链技术正加速社会经济和商业世界的巨变，大多数企业不知道如何适应这一变化，员工也不知道如何改变旧的工作方式，这已不是通过转变心态来改变自我那么简单的事了。

　　因为这是人类面临的前所未有的挑战，新的岗位将代替过去的岗位，新的工作方式将淘汰传统的工作方式，新的"上班族"将不再是朝九晚五的"打工人"，他们将是在组织内部发起项目和掌管项目的人。就像现代化战争，已经不再是过去的钢铁洪流和集团大战了，取而代之的是分布式扁平化小规模战斗小组。他们通过卫星侦察传回的大数据定位目标，再把战斗指令分发到平台上，由离目标最近的战斗小组"接单”，快速靠近并摧毁目标，完成战斗。这就是被大家称为“滴滴打仗”的去中心化的战斗模式。

　　未来的工作都是以项目为基础、以团队方式开展的，而且与“生活和健康”相融合平衡。未来的工作就是轻创业，让打工人不再厌倦上班。带团队能力是未来职场最有竞争力的软实力，可以不断运用技术和广泛的连接协同，通过创新的项目成果，走在同行前面。

　　带团队的能力将是未来个体的核心竞争力，让你从此不再脆弱，把握住自己的命运，这也是把工作变成项目的重要意义。你将是一种新型的工作者，不再是流水线上的“机械臂”，而是一个将从事的工作变为喜欢的事业的人。

李文　王瑞

关于本书

本书分为两篇：上篇讲述了带团队的三大原则，下篇讲述了带团队的十项修炼。

第 1 章强调先成就别人后成就自己，从如何培养领导力开始，给大家提供了一种由内而外、德才兼备的训练路径。与大多数领导力的训练理论不同，我们更强调团队领导者的个人品质，提出"向上做事自强不息，向下做人厚德载物"的理念。

第 2 章强调行动才是一切的答案，根据多年创立项目带领团队的经验，我们提出从零到一要"先开枪后瞄准"，不要期待完美的计划，而应该勇敢地迈出第一步。鼓励先做成一件小事，再在行动中不断地调整方向和目标，用不确定性对抗不确定性。

第 3 章主要讲团队领导者如何识人、用人、凝聚人，提出"态度比能力更重要"的观点，建议包容和接纳不同类型的人，并在"德才兼备"这一点上更强调人的品质。

第 4 章是十项修炼的第一项，"先混人，后序事"。团队管理的本质是关系管理，关系管理的核心是要处理好人与人之间的利益和需求的平衡。鼓励以主动积极的态度看待人际关系，通过自我修炼来维护和改善团队关系，并跨越圈层主动创造新的社会关系。

第 5 章是第二项修炼，"讲故事，带新人"。要通过讲故事创造大家的共同梦想，给大家提供奋斗的希望，并在这个过程中团结"老人"，使其成为新人的"教练"。通过故事凝聚人心，找到共鸣。

第 6 章是第三项修炼，"设目标，激活力"。与彼得·德鲁克先生的目标管理方式不同，我们更强调目标对于激发团队活力、提升团队内驱力的重大作用。通过对目标的分层分阶段设定，把项目纳入可量化、可评估的科学管理体系。

第 7 章是第四项修炼，"拆项目，抓灵魂"。我们做的事情要按照项目来量化管理，通过 WBS（工作分解结构）的分解，用结构化思维来理解目标和任务，找到灵魂任务，并进行优先安排。通过 SWOT 分析（态势分析法）的定位思维和 PDCA 循环（计划、行动、检查、改进）的闭环思维将任务授权，以提高执行力，让有胜任力的人去做最重要的事。

第 8 章是第五项修炼，"多激励，少控制"。通过对团队成员的了解，分析和找到他们各自的需求，并通过调整预期进行欲望管理，通过授权和仪式化激发团队成员的善意和潜能，在尊重和包容的基础上让每个人都能在自己的工作中获得尊重和快乐。

第 9 章是第六项修炼，"行中知，干中学"。提出用行动式学习法让团队始终保持开放性，在创业创新或者内部合作的项目中保持空杯心态，边实践，边学习，边改进。尝试使用知、行、评、思、变的学习闭环让团队的学习曲线逼近目标。

第 10 章是第七项修炼，"破圈层，干副业"。鼓励更多的人在逆境中寻找新的机会，通过社交媒体、社群、自媒体、短视频等各种方式孕育副业，提高自己的弹性生存能力，通过创立自己的 IP 项目摆脱对他人的依赖，组建人生中第一个小团队，在突破自我的过程中找到新的人生机会和事业。

第 11 章是第八项修炼，"划利益，分蛋糕"。重点强调先定规矩，说话算数。做大蛋糕比多分蛋糕更重要，同时平衡好不同能力、不同贡献和不同作用的人之间的利益，在功劳和苦劳之间，在短期利益和长期利益之间进行动态调整。

第 12 章是第九项修炼，"找亮点，开新路"。负责人不能只埋头拉车，不抬头看路。再小的团队也要有正确的方向和创新的战略，要带领团队不走老路，不走寻常路，才能在竞争日益激烈的商业社会中找到立足之地。我们强调将精神与情绪价值作为未来 IP 的差异化切入点，通过从小众认同到大众认同，形成独特的核心竞争力。

第 13 章是第十项修炼，"项目化，团队制"。未来的公司都是以项目为主体的去层级化平台型组织，团队工作就是未来的本职工作，产品经理岗就是未来最炙手可热的高收入岗位。从带小团队开始训练自己的胜任能力，就是站在时代的上行扶梯上，让自己不再依赖岗位"努力工作"，而成为带团队的"聪明工作"的新时代价值创造者。在可预见的未来，小团队不是帮你找到工作，而是帮你找到人生价值。

本书的写作得到了很多企业家、学者、投资人、创业者和混序志愿者的大力支持。感谢智源研究院理事长、美国国家工程院海外院士、原微软亚洲研究院院长、原金山软件首席执行官张宏江博士为本书作推荐序，感谢全明星基金创始人、前摩根士丹利董事总经理季卫东先生，优客工场创始人毛大庆博士，南方科技大学创新创业学院院长刘科先生，法国兴业银行中国有限公司董事长、美国高盛中国区前董事总经理成长青先生，硅谷风险投资家、畅销书《暗知识：机器认知如何颠覆商业和社会》作者王维嘉博士，领教工坊创始人肖知兴博士，宁波诺丁汉大学国际企业管理领域李达三首席教授、丹麦哥本哈根商学院中国企业管理领域终身正教授李平的赞誉和推荐。

本书的第二作者王瑞女士为本书做出了重大贡献。很多章节都是在王瑞女士创立的混序太学直播间每周一次的主题分享的基础上形成的。我们之后加入了丰富的创业案例，并通过每周三混序太学线下活动与各项目负责人、小微公司创始人进行面对面咨询和培训，进而形成本书的核心观点，总结了大量成功的方法和失败的教训，给读者们展示了真实深刻的实战场景。在此，一并向他们表示感谢。

前　言

　　自从人类有了部落、城邦和国家等集权有序的组织以来，分权化倾向一直存在。互联网、区块链以及正在走进我们生活的元宇宙，正在释放各自的能量。各种小团队和自组织已经在各个层面与领域挑战或挫败了许多层级结构严密的传统组织，通过各种圈子和社区形成众多高度分散的小群体。小团队在各种主题、理念和目标的召引下，在目前这个动荡和快速流变的社会大潮中，像纷飞的海燕，灵活而顽强地快速成长。

　　这些应需而生的小团队没有固定的组织结构、没有刻意的流程、没有总部办公室，也没有固定的领导层，成员平等而自由地基于相同的价值观和认知，通过网络和社群实现高效协同工作。他们分布在传统行业的交会处，在新旧之间、各层级之间，为了一个个目标独特的项目而聚集，完成任务后又奔赴下一个。他们大多出现在传统行业的秩序与新兴市场碰撞导致的混沌之间，也有一部分在大型互联网公司内部涌现。我们经常看到在快速发展的新兴公司中，一些员工为了复杂性技术合作而跨部门组成了临时团队的场景，这是一种区别于过去的新的工作方式，这种轻盈而富有弹性的小团队组织更自主、更扁平、更分散、更具有临时性，让组织人与自由人的界限逐渐模糊。一些创新的物种、跨界的技术、数字化的应用、基于流量的商业模式，从中喷涌而出。面对迎面而来的变革，用"混序"一词，也许可以描述这些无法被准确定义的小组织。它们确实与我们过去所熟悉的团队不同，它们是这个时代的新产物，正影响着我们每个人的生活。

现今社会就业形势严峻，副业越来越成为生存的安全线，国家也非常鼓励副业和小微创业。如何从打工人思维跃升到创业者思维，如何从自己单打独斗到带领、组织一批人干，创建人生的第一个小团队？

最重要的准备工作是观念转变和角色切换，即把自己作为一个独立的经济主体，而不是其他经济主体中的一个零件。把自己从一个普通个体变为超级个体，从对体系和组织的依赖中解脱出来，转变为创立一个小组织的人，这种转变对每个人都是一种考验，对于几千年来根深蒂固的家族文化也是一个巨大的冲击。从"在家靠父母出门靠朋友"，到"我的命运我做主"，这不仅是生活方式和工作方式的改变，更是一种新的人生方式的开端。这就是我们在真正进入小团队管理和实战之前，应该要有的认知和心理准备。

从靠组织到带团队

　　从传统的打工人和依附者的角色转变为自主自立的超级个体，不仅要转变思想观念，还需要行为和角色的转变。尤其是当你发起一个项目，成为某个活动的组织者、某个事业的创始人时，你不再是躲在后面被动接受领导的角色，而是要开始准备为自己所有的角色负责，也要对相信你、追随你的成员负责，不再为自己开脱找借口，成为一个真正为自己的决定负责的人。

　　做领导者和管理者，与大多数人平时做事的逻辑与原则不同，需要做几样准备。首先是价值观的准备、态度的准备、角色的准备。带领团队的首要任务是让所有成员共同达成一个目标，这听起来简单，但很多人做着做着就变成了自己去达成目标，团队成员只是辅助。这可不是团队作战，本质上还是你一个人在干。你要从实际操作者、一线执行者变成所有成员的领导者和激励者，驱动和鼓励大家做事，而不是你在前面做，大家在后边或看或学，二者差距很大。

　　我经常听到混序部落的一些项目负责人跟我抱怨，一开始是带着大家做项目，做得好好的，但不知怎么就出现了偏离，变成自己把活全干完了。反过头来，又觉得团队成员叫不动，做事不积极。问题出在哪里呢？为什么大家做事不积极？问题就出在团队的带头人身上，他还没有把自己的角色从执行者转换为领导者。

如果你没有转换角色，就还是在靠自己做事，只不过多了几个帮手，因为你没有从执行者变为指挥者、谋划者和激励者。

指挥者、谋划者、激励者和担当者，不仅是在前线冲锋的战士，更重要的是能够把大家组织好，这就要求你能谋划。你做的事情要通往哪里？通过执行什么任务达到什么样的效果？你对此必须心中有数。谋划是整个团队未来的工作地图，有了谋划就不会出现大家不知道做什么和为了什么的情况。它也能避免你盲目给大家安排工作，让大家做无用功，挖了又填，填了又挖，不停地做低效率、低价值的事情。否则，久而久之你就没有威信了，大家就不听你的了。

其次，要做好激励成员和担当责任的准备。好的激励者即便遇到逆境，遇到跟现实冲突很大的情况，也能够迅速扭转局面。好的领导者还要对最后的整体结果负责。

我的第一份工作是医药代表，因为业绩突出，1年以后我升为办事处主任。办事处主任要管5个医药代表，于是我从一个优秀的销售员变成了几个销售员的小头目，这对当时的我来说是一个不小的挑战。

实际上，我做办事处主任前半年的收入还没有之前做医药代表时高。我做销售员的时候，我的收入按销售提成计算，挺高的；做办事处主任以后，大量时间用来经营整个团队的任务目标，关心每一个团队成员的销售业绩，帮助他们解决遇到的困难，为他们铺路，最后产生的销售提成归团队成员。

不少销售冠军是不愿意带团队的，因为工作量大、压力重，收入还没有显著增加。这个时候就要回到我们刚才提出的第一个问题，就是你的心态有没有转换。如果你还没有转换心态，那这个办事处主任你就当不了。为什么呢？你成为小领导以后，还是只想着用这个身份去给自己开发新业务、挣提成，同时带领的 5 个业务员没有一个完成自己的任务指标，你说你称不称职呢？

这就叫因小失大。因为你错过了一个真正让你持续成长、持续上升的机会，没有抓住领导小团队的机遇去锻炼自己领导、组织、指挥、协调一大帮人去完成一个大目标的能力。这个能力对干大事业而言是不可或缺的。

当时的我从一个小地方的销售冠军成为 5 个销售员的小领导，选择了牺牲自己的销量和提成，以维持整个团队的业绩为目标。我身边有不少像我一样的地区办事处主任，他们领着一批人干，在发现自己的收入下降后就放弃职位做回销售骨干。若干年后，当我成为上市公司总经理的时候，我发现他们还在做销售工作，靠提成谋生。事实证明，这些放弃了培养自己的团队管理能力的人，放弃了领导一批人做事的人，大多没有获得最好的成长。

这就是我自己的角色转换的例子。我放弃了个人业绩的诱惑，转而照顾整个团队的利益，让团队的目标大于个人的目标，这就是从"小弟"到"大哥"要过的第一关。如果你在这个阶段敢于做出这样的抉择，以后一旦时代红利或行业风口来临，你就有机会腾飞，因为你能够迅速组织一批人抓住机遇快速行动。每个时代给予每个人的机会是公平的，但是有些人能做成事，有些人做不成，这就取决于机会来临之前他有没有提前做准备。从个人单干或给别人打工到自己创立项目带领团队，是个体发展的质的突破。做大事的能力超越了个人技能，上升为驱动众人实现目标的管理能力，这种能力是通过发起、组织、管理若干小团队锻炼出来的，有梦想且敢于尝试的"小弟"都有可能在这个过程中熟悉做事的方法，了解人性的复杂，最终当"大哥"，成大事。

梦想就是驱动力

带领一群人做事，首先要有一个激动人心的愿景和共同的奋斗目标。这个目标应该足以让每个人都愿意为之奋斗。解锁团队建设和领导能力的关键是为共同利益工作，而不是为领导的利益工作。团队不是打工群体，而是合作群体。团队的共同利益和成员的共同梦想是团队最大的驱动力。

一个人干的时候只管自己的事情就可以了，一群人干的时候，团队领导者首先要关照大家的共同目标和共同利益，甚至在共同目标和个人目标、共同利益和个人利益发生冲突的时候，个人利益要排在第二位。

如果你抓住了这一根本的出发点，以后就可以当小组的组长、公司的经理，也可以领导越来越多的人。很多人从一开始就没有认识到这一点，或者认识到了，但在利益的诱惑之下选择了个人利益，牺牲了团队利益。

就我过去的经历而言，项目失败和团队内讧造成成员流失，根源都在于忽略了这一点。发起人把招募来的成员当成打工者，没有意识到领导者的角色是带团队，而不是做个"小老板"。具有小老板意识的人也能做很多事，但更多的是在不停地挖小坑。小坑里也能种点东西，但很难做成生态，因为他们停留于低水平的重复。100次低水平重复不如一次高水平的创新，这点很重要。

带一群人完成一件事，最重要的并不是客观条件是否具备，而是能不能有一个大家共同认可、激动人心的梦想。人们愿意为之奋斗的东西往往是能够超越现实、带人走出困境的未来图景，它不仅能赋予这项事业以价值和意义，还能让创始人及其伙伴们有坚定的信念和顽强的意志去克服重重困难。

埃隆·马斯克曾经历过连年亏损的艰难时期，而撑起他现在的火箭计划、火星计划的恰恰是那些当时没有离开的人。能获得巨大成功的人，他的团队一定有最高层次的共识，就是共同梦想。只看眼下的人可能只会拿到他自己想要的那一小部分，而最大的收获者是能够跟随马斯克一步一步实现共同梦想的人。

人生就是根据自己做的事一步一步升级的，只有不停向上攀登，才能看到更美的风景。在攀登的过程中你会感到很累，但不知不觉在前进的过程中，海拔逐渐升高，这才是人能够提高的关键。你必须不停行走，不停攀登，因为山就在那里。在平坦的道路上行走会很舒服，但你将永远停在同一个层面。如果你能够克服重力和惰性，再有那么一点点冒险精神，就会攀得更高，发现自己的潜能和隐藏的天赋。

为集体的共同梦想奋斗，这就是从普通个体到领导者所面临的第一个挑战。把团队的利益、成就、荣誉置于个人利益之上，先成就他人，再成就自己，这是一种很大的考验。

有了共同梦想，还需要把个人目标和集体目标统一起来。在带领团队开展具体工作之前有一个很重要的任务，就是要形成团队的共识，确立共同愿景和共同目标。如果没有建立共识就直接发号施令，大家就不知道自己做的事对总目标有什么价值，不知道在项目里扮演的是什么角色，更不知道当下工作做完以后与队友的工作如何衔接，因为这都需要理性的规划和充分的沟通。

另辟蹊径，远离内卷

不少职场小伙伴向我咨询如何能够摆脱内卷，活出自己的价值。我给他们的建议就是先立一个 flag（网络流行词，可以理解为"目标"），再组建一个小团队，利用身边的资源完成一个小项目，另外开一条赛道来证明自己。

内卷的实质是组织内部竞争过度导致边际收益为 0，员工增加再多的工作时间和工作量也不能获得更高的价值。"996""奋斗狂"都是内卷的产物，其本质是个体在组织内发展受阻，看不到希望。

当你在工作中感受到内卷的时候，不妨考虑转变模式，从一个人单打独斗变成带一批人打天下。你个人工作不顺心的时候，就是你加入某个小团队或者自己创造一个小团队的时机。从个人赚钱维持生存到立足未来真正做点大事业，要从组建小团队的基础能力开始训练，可以像混序部落一样用轻资产的项目型团队来做事。

几十年前，大家都依附体制，依附机构，对当时的中国人来说，脱离单位是不可想象的。而现在随着个体 IP 的崛起，自由人和自由人可以自由联合形成团队，之后随着小团队的任务推进不停迭代，加入的人会越来越多。从自由组合和连接的可行性这一角度来说，当下是一个大好的环境。

混序部落作为近几年来快速发展的创业者自组织，受到的社会关注越来越多，在 2017 年被评为"中国最具创新力社群"。它以社群的方式孵化、培育了几百个创业小团队，通过混序思想帮助小伙伴实现从零到一，从无到有。正如《道德经》所说，"一生二，二生三，三生万物"，"无名天地之始，有名万物之母"。为什么说"无名天地之始"呢？因为所有的"有"都是从"无"而来。为什么说"有名万物之母"呢？有了大地，有了承载，有了生态，万物就会生长。

最开始混序部落就是几个群，大家在群里面聊聊天。后来这些人开始自发组合，形成各种项目，有人出钱，有人出力。有些项目干得好，大家成立公司继续干，有些项目失败了就散伙了，或者组成下一个项目继续干。

"先混人，后序事"是混序小伙伴们经常挂在嘴边的一句话，它的意思是帮助你找到对你的项目真正感兴趣的那些人。有人会因为对你的欣赏和信任而来，这样的人尤其不能辜负。在你遇到困难的时候，他不会因为一时得不到回报而埋怨你，也不会离你而去。一个"混"字，最重要的就是要混价值观，混对你的认可，对你的信任。最终能够持续陪伴你从一个项目到下一个项目的人，一定是出于对你个人的认可与欣赏才如此坚持。

团队一开始就要建立大家对目标和任务内在的无形承诺，否则就是临时性"分赃""团伙"。如果是"团伙"，你的管理生涯就会充满危险。

在缺少共同梦想只追求眼前利益的"团伙"中，最关键的是要防止成员出卖你。"团伙"之间是没有信任、没有愿景的，大家都想着干一票挣一票，干不了就散伙。他们没有共同认可的价值观和理想，每个人都觉得自己贡献最大，想尽办法让自己拿到最多回报，面对利益没有人谦让，只会破坏规则陷入争夺。

如果你发现有人为了整个团队的团结与和谐主动让渡部分利益，这类人一定要予以重点培养。他们能够为长远而牺牲眼前利益，是能够做大事的，是不可多得的长期主义者，他们一定能够与你在追求共同梦想的道路上相伴很久。

　　如果与你合作的团队成员都很现实，就要运用现实法则来管理。我们不可能一下子就把社会上最优秀的人吸引过来，因此也要懂得在现实逻辑中与看重现实的人合作。对待看重现实的人，你就不要期待他的长期性、稳定性、忠诚性。不合理的期待就是不满和烦恼的来源。

　　从混沌到秩序，万物在变。人心在变，利益在变，立场在变，小团队的管理方式也要变。千万不要用一种固定的关系从头走到尾，这样一定会出问题，正如我们经常说的一句话，"在行动中确定方向"。如果一开始就认定合作的人很靠谱，一腔热血组成合伙公司开展业务，这里面就可能存在很大的隐患和风险，混序部落失败的项目大多是因为这些问题。

　　面对新的经济环境和竞争压力，大公司通过内部创业谋求小型化，互联网公司通过项目、团队实现去中心化，"95后""00后"们对于朝九晚五的重复性工作开始厌倦，内卷渗透到了各个行业。我们与其坐以待毙、坚守苦熬，不如另辟蹊径，走出自己的道路，把握好自己最有创造力的生命阶段，勇于尝试，从组建人生中的第一个小团队开始。无论怎样，人只能活一次，梦想还是要有的，万一实现了呢？

上 篇

带团队的
三大原则

第1章

原则一：

先成就别人，后成就自己

从本章开始，我们讲讲带人做事的三原则，我把它称为"团队的三原则支架"（见图 1-1）。原则一"先成就别人，后成就自己"讲的是领导力，领导力是组织人做事的最根本的能力；原则二"行动才是一切的答案"讲的是行动力，有

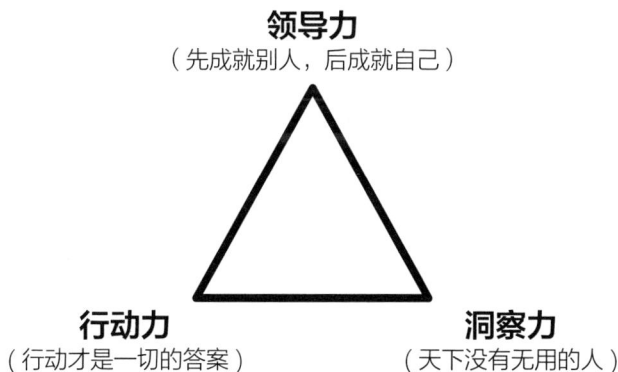

领导力
（先成就别人，后成就自己）

行动力　　　　　　　　**洞察力**
（行动才是一切的答案）　（天下没有无用的人）

图 1-1　团队的三原则支架

好的方向和计划但没有行动，一切都是零；原则三"天下没有无用的人"讲的是洞察力，有了领导力和行动力，识人用人的洞察力是保障目标从计划到实现的主要能力。

先成就别人，后成就自己，这是领导力的起点。有一个概念叫"护念"。我们以前只知道布施：财布施、法布施、无畏布施。帮助别人，但出发点并不是想从对方那里拿回报，这叫布施。比布施和加持更厉害的叫护念。

这个概念跟领导力也有关。我们所说的布施、加持、护念，都是说当你鼓励一个人讲述他心中真实想法的时候，无论你是否喜欢这个想法，也不管你对此是否赞成，一定要给他一种正向的鼓励。

释迦牟尼就是这样培养弟子的，这也提醒我们要从日常生活小事中反省自己，是不是在和别人交往的时候只要对方说的东西自己不喜欢，就立即反驳，甚至为此打架。

⓪① 领导力从帮助别人开始

可能你忍不住要问，这些跟领导力的主题有关吗？十分相关。怎样带小团队？怎样让大家朝着一个方向走？怎样带一批人让大家信任你？怎样做到同心同德？佛教的《心经》提出的布施、加持、护念，这6个字基本涵盖了领导力的来源。

布施就是要把自己的东西给别人，加持就是对队友做的事要一路提供帮助，不能把任务安排出去就不管了。你的是你的，我的是我的；你做你的，我做我的，这样显然不行。

从个体变成一帮人的小领导，最大的区别就是把你原来所做的一切只是为了个人成长和成就的观念转变为帮助别人成长，帮助别人取得成就。通过帮助别人取得成就来获得集体的成就，其中的差别就大了。"人不为己，天诛地灭"，人的天性倾向于维护自己的利益，怎么会去帮助别人成长、帮助别人获得成就呢？当个小领导和当吃瓜群众的差别在哪儿呢？是否通过帮助别人取得成就来达成集体成就，这就是本质区别。

自己单干和带一批人干，最本质的区别就是后者需要你把自己的利益放在第二位，把团队的共同利益和成就放在第一位。在大部分情况下，团队领导者的个人利益和团队的共同利益是有冲突的。我从一个销售冠军转变为带团队的小领导之后，不得不帮助我的下属完成任务，让整个集体完成任务。为了达到这个目标，我个人的收入比之前少了一半，这就是非常现实的挑战。

你愿意放弃自己的一半收入，花时间和精力来成就自己的团队吗？可能很多人愿意，也有很多人做不到，这就是差别。做不到的人或许可以一直当销售冠军，但永远当不了老板。

⑫ 先问自己"何德何能"

　　团队领导力这个题目，商学院在讲、商业大咖①在讲，甚至什么人都能讲，不知道提出了多少理论，多少套路。其实最关键的就是团队领导者舍得放下自己的利益和权力来成就集体，这就是领导力的本质。

　　大家都说领导力是可以培养和训练的。我认为，领导力中关于能力的部分可以通过学习获得，但德行的部分可遇而不可求，要靠个人不断修炼。中国是几千年的礼仪之邦，是先看"德"后看"能"的。团队成员第一个问题就是：你何德何能当我们的"大哥"，让我们听你的？在中国的传统文化里，先是"何德"后是"何能"。

　　佛教传入中国以后形成了许多流派，大多根据古印度的梵经进行传播，其中做出重大突破创新的是将佛教本土化、创立中国式佛教的禅宗六祖惠能。

　　他三岁丧父，家境贫寒。虽然没有接受过系统教育，只是在寺庙内做苦工，但他偷偷用心学习和体悟佛学的智慧。因为说出"菩提本无树，明镜亦非台。本来无一物，何处惹尘埃"的偈语，他被五祖发现并破格培养，获五祖嘱托带领众弟子开创南派禅学。他对佛学的创新一是自有佛性说，人

_____
① 大咖，原港台用语，咖是英语 casting（角色）的音译，本意为大角色，引申为在某个领域里比较成功的人。——编者注

人皆有佛性；二是顿悟成佛说，去除了修行的形式主义。王维、李白、白居易深受六祖惠能的影响，把禅的艺术和空的意境化入诗词歌赋，融入中国文化。

六祖惠能何德何能从一众僧侣中脱颖而出呢？我总结了五点：

1. 人人平等，自给自足不受供养，消除信众的财政负担；
2. 去除形式，追求本质，人人都可以在家修佛；
3. 广纳众言，鼓励创新，去除陈规陋习；
4. 身体力行，身教重于言教，要求弟子做到的自己先做到；
5. 布法施众，开悟弟子，引领和启蒙追随者。

德是什么？德就是看你有没有为别人的公心，有没有为集体的公心。一个人如果没有这样的公心，就领导不了集体。从六祖惠能的故事中我们可以看到，要领导一个团体，在团体中树立威信，就要从自身做起，才谈得上德高望重。或许你任务完成得更好，能力更强，情商更高，但是不意味着你可以领导大家。只有能没有德，谁都不会服你的。

塑造领导力的第一步就是要解决德的问题，也就是解决你凭什么领导大家的问题。如果你的德行好，能为大家考虑，遇到问题不往下"甩锅"，遇到困难可以上前一步，而不是把兄弟往前推，这就叫德，就能赢得大家的信服。

领导力听起来是一个很空泛的概念，通常大家讲领导力都要讲一堆能力训练的方法，我觉得都没抓住关键点。你能力再强，关键时刻出卖同事朋友，你就不具备领导力。

领导力意味着要具备能够让众人尊重和钦佩的品质。可能有人会说，这些不重要，我们不看重品质这些虚头巴脑的东西，我们都是商人，凑在一起为的是发财，谁实力最强，谁就可以领导我们。这就叫舍本逐末。仅以利益勾连的团队叫团伙，不出事则已，出事以后内部就是互相屠杀的战场。

商场里有很多尔虞我诈、互相伤害、互相埋雷的事，不管赚不赚得到钱，这些都是令人痛苦的经历。更有甚者，没赚到钱就把你逼死，赚到钱就把你害死。突发一笔横财，对只重利益的团伙来说就是最大的灾难。

举个不恰当的例子，看看那些盗墓团伙，为什么大多互相残杀，他们难道不是有共同的目标和利益吗？然而他们最大的风险并非来自外部，而是来自内部的互相残杀。盗墓本身自带巨大的内部撕裂风险，因为它让人追求利益最大化，那么把其他同伙都消灭了，自身利益自然最大化。利益最大化还有一层含义是风险最小化，我们得到了一批宝贝，这最好不要让人知道，那么把我的三个同伙干掉，我就安全了，我的风险就能够最小化。

⑬ 格局就是全局，不能只考虑自己

从一个人干到带团队干，你的格局就要上一个台阶。这个台阶上不去，就是把你放在领导的位置上你也会马上下台，因为你带不了团队。但凡有点好处自己先拿，但凡有点困难就躲在后面，但凡受到冲击第一个逃跑，你能带什么团队呢？很显然，你不具备带团队的格局和境界。

中国人骨子里特别讲究德，千万不要认为看似世风日下，大家就不讲德了。在每个人的心中，德是一杆秤，是人与人之间合作与信任的基础。如果大家都是吃瓜群众，对德行的要求就不突出，但如果你成为领导者，无论你是小组长还是其他什么小领导，大家对你的德的要求都比吃瓜群众更高，不管你是否服气。当然，要求是高，但是不是能达到要求，另当别论。

即便是三四个人的小团队，在你们因为某种共同的目标或者爱好走到一起，大家推举你来当小领导的时候，你就要做到修正自己的品德，改掉自己的陋习，约束自己的行为，学会割舍自己的利益。是不是句句说到痛处，每一句都让你不自在？做领导就是不自在，领导别人就是给自己上紧箍，有了这样的品质才能够去带领大家。

⑭ 自律才有威信，自驱才能引领

　　能够在平地里躺着，谁愿意去爬高山呢？多累呀！同样的道理，带团队要驱使人、管理人、激发人，就不能在舒适圈里躺着。有些人说我不愿意当领导，就愿意当群众，自由自在。那没问题，也很好。带团队或当群众，都是一种自由的选择，没有优劣之分。但是如果你有做事的愿望，你想此生有所成就，就要学会割舍，修炼自己。选择带团队，就选择了踏上一条自我修行之路，就要从自我驱动开始要求自己。

　　在混序部落里，混序宫灯的创始人庞国梁是位残障人士，曾患小儿麻痹症，出行要靠轮椅。他为什么能够带着几十个残障人士做出混序宫灯这个项目，并且得到了当地政府的扶持？为什么大家都听他的？因为他在团队初建时，为了残障团体能够活出自己的尊严、不依赖政府福利的共同梦想，舍弃了个人利益和诉求，关照跟随他靠自己的双手获得收入、获得尊严的那批人的诉求。他把个人的利益让渡给大家，他为了团队的利益，为他们的生存而奔波，而不仅仅是为了他自己。

　　这个道理大家并非不懂，但很多人做不到。塑造领导力的第一阶段要解决大家凭什么跟你走的问题，第二阶段就要看你的组织力和凝聚力，你怎样去识人，怎样去用人。

不会识人用人，还不愿意得罪人，那么你就要准备好承受损失，甚至是巨大的损失。长痛不如短痛，有些人你不敢得罪，不立刻采取措施，那么他很可能会坏你的事，让项目出现更大的问题。

⑤ "盗亦有道"中的领导力

领导力的获得过程就是通过自我修为对抗自身天性的过程，对抗得了你就能获得领导力，对抗不了你就是吃瓜群众，领导不了团队。

如果你是吃瓜群众，准时到公司上下班，完成自己的那部分工作就可以了；如果你是领导，就要考虑更多问题，面对更多困难，牺牲更多个人时间和空间。普通员工可以回家和家人团聚，你晚上可能需要陪客户吃饭、陪领导喝酒，这就意味着你要比普通员工多牺牲。

谁都想回家陪孩子，也想回家躺平，但是领导不行。领导就得把自己修炼得超凡脱俗，多承担、多牺牲。这么一说，大家可能觉得当领导太苦太累，不当什么领导了。错！当团队领导，为别人多付出，自然也能得到更多的回报。2% 的人能够为大家做事，带领大家做事，他们的境界和格局比一般人高，就有资格获得社会 98% 的财富，这就是公平。

天道就是这么分配的，鼓励那些向上攀登的人。大部分人不愿意向上攀登，因此大部分人分配小部分利益，上天就是用这种方式来激励大家的。我也给大家准备了几个令人喜闻乐见的例子，借此讲述如何带小团队、如何把小团队做大、怎样才能有更多的人参与你的事业等实现领导力的要素。

先举一个有趣的例子——如何当好盗窃团伙的老大。这个例子来源于庄子，叫"盗亦有道"（见图1-2）。《庄子·胠箧》中记载："故跖之徒问于跖曰：'盗亦有道乎？'跖曰：'何适而无有道邪？夫妄意室中之藏，圣也；入先，勇也；出后，义也；知可否，知也；分均，仁也。五者不备而能成大盗者，天下未之有也。'"后世据此典故引申出成语"盗亦有道"。

```
1. 知有无为圣 → 定方向

2. 入先为勇 → 身先士卒

3. 出后为义 → 勇于担当

4. 知可否为智 → 判断果决

5. 均分为仁 → 公平公正
```

图 1-2 "盗亦有道"中的领导力

故事主人公的哥哥叫柳下惠，是很有名的坐怀不乱的君子。他有个弟弟叫柳下跖，也叫盗跖。孔子知道了柳下惠的弟弟居然干偷盗的事，还不是小偷小摸，而是干成了盗窃集团。

偷鸡摸狗发展成盗窃集团，居然还响应者众？这成何体统，孔子决定去说服盗跖，让他改邪归正。

我们先了解一下故事的背景。孔子的弟子跟孔子说："老师，柳下惠是很不错，广受称赞。但他的弟弟与之相反，偷鸡摸狗不说，还有盗窃集团化倾向，在各诸侯国有不小的名气，还在不断壮大。您能不能跟柳下惠谈谈，他那样道德高尚的人，难道不能制止他的弟弟干这种违法乱纪的事吗？"

孔子认为弟子说得有理，"儒家教育集团"里怎么能出现这种人呢。于是，他叫来柳下惠道："你做得不错，严于律己。但你只管好自己可不行，还要管管你的弟弟。你去和他好好谈谈，让他不要再搞盗窃集团，过过正经日子。"柳下惠面露难色："老师，这我可真做不到，他不听我的。每次我跟他讲要改邪归正，他说的道理比我还多，我说不过他。"孔子一下子来了兴趣："偷东西还能够偷出道理吗？我来和他聊聊。"

两个领导力大咖终于见面了，一正一邪。孔子代表绝对的正义，仁义礼智信，是君子的道德楷模；盗跖是盗窃集团的头目，邪恶的代表。用今天的眼光来看，两位都具备领导力。看完后面的故事，你们判断一下谁更有道理。

孔子问盗跖："你身为盗窃集团的头目，列国都在传你的劣迹，你居然还觉得你有道理。请你告诉我，偷东西难道还有什么道理吗？"

盗跖说："做我们这一行的也有要遵守的道德，盗亦有道。假如我带一批人偷东西，出发之前就要判断那户人家里面有没有值得偷的东西，这需要一定的智慧。没有进屋，就能判断有没有值得偷的好东西，这需要的是领导者的判断力。我还要判断在哪一天晚上行动、能不能行动、在行动前出现问题是否需要立即终止行动。"

"第一是可盗否，第二是能行否，都需要考验我的智慧和判断力，对不对？第三叫入先，在行动时我会第一个翻墙进去，要先于我的团队成员干最危险的事。第四叫出后，出来的时候，我要最后一个出来，让大家先走。为什么呢？万一别人发现了被抓的就是我，而不是我手下的兄弟，这叫义。"

孔子听得眼睛都快直了，盗跖继续讲道："把东西搬回去以后该怎么分呢？均分！按理说，我是他们的大哥，是他们的衣食父母，没有我做判断，没有我做决策，没有我第一个翻墙进去，没有我给他们断后，他们能吃到这碗饭吗，能分到这些钱吗？我应不应该多拿？

"即便这样，也要均分。进去 8 个人就分成 8 份，进去 10 个人就分成 10 份，我只拿其中一份。这又是什么道理呢？这叫仁。"

孔子一辈子都在推广这个"仁"字，结果盗跖用盗窃集团的道理阐述了什么叫仁。孔子听到这里什么也没说，默默离开，说道，"孺子不可教也，我以后不想管他的事儿了"。

⑥ 入先、出后、均分、知可否

2500 年前的故事直到现在依然带给我们重要的启示。要带一批人做事，需要判断力、决策力、勇气，还有仁义。要成气候，必然要通过领导力来驱动大众、驱动集体、驱动团队。盗跖总结的"道"就是我们从小事做到大事，从一个人到团队所需要的最核心的领导力特征。

先说判断力。要当一个小团队的领导，首先你对做的事要有起码的判断力，这涉及具体的事务。

其次是决策力，所有的判断都有正确概率，谁都不能保证某件事一定会赚钱，骗子才敢这么打包票。我们只能说这个项目赚钱的可能性非常大，但也存在风险，没有人能够拍胸脯保证百分之百成功。

如果有人敢这么拍胸脯，你可以立即跟他签风险对冲协议。比如，你出 2 万元，3 个月后如果不能拿回来 3 万元，1 万元差额由他补足。你可以提出签协议并公证，一般对方都会退缩。做事的时候，我们既不能盲目打包票，也不能瞻前顾后，患得患失，否则就不能很好地领导团队。看准机会迅速尝试，这就是决断力。

再次，入先，讲的是勇气。最难搞定的客户自己亲自去沟通，脏活累活冲到前面，领导应该做到这点。在混序部落里，群友天鹅湖就是这样的人。她为什么在社群发言的时间少，就是因为她在现场亲力亲为。很多人创立项目做了领导之后，指挥这个指挥那个，在后边当翘脚老板，这种做法是绝对错误的。

你不能只躲在后面做参谋长。只动嘴不动腿，这是带领小团队的大忌。带小团队的领导自己一定要亲自干，让别人跟在后面，只指挥别人干很快就会被下课。小团队还没有形成建制、标准化，所以领导不能只在那里指挥别人干，一定要亲自搞、亲自谈、亲自做。

领导亲自做事有什么好处呢？一旦团队具备一定规模，就需要层级管理，有人管理、有人监督、有人考核。如果你亲自做过，团队成员就骗不了你，否则你就判断不了他们汇报的情况的真假，以及所含水分。所以带领小团队的时候，团队领导一定要身先士卒。

最后，我们说一下出后。做事自然存在风险，如果客户上门投诉，有的团队领导会打发自己的下属出去应对。团队成员很多时候处理不好，只会把小事拖大、大事拖炸。所以，遇到风险或麻烦的时候，千万不能让下属背锅。你应该第一个跳出来说："我是这件事的负责人，我来负责，不要为难别人。"

出后就是领导要敢于亲自面对，不要推脱，不要转移责任。你去解决，很可能会把抱怨变成机会。顾客尚未被满足的需求就是新的机会，可以当作新的项目推进。这些是你的团队成员判断不了的，他们没有你的高度，也不具备你的经验。

⑦ 大公司讲制度，小团队讲义气

小团队领导不能只当指挥官，要亲力亲为，做多面手。否则，事事委托出去，自己又不懂，就会让团队承担更高的财务成本或者自己面临被架空的危险。不当指挥官，亲力亲为的阶段，就是了解各项事务细节的阶段，经历过这个阶段，才能进入业务细分的阶段。

入先、出后也是讲义气的表现，小团队有时候要讲点义气。大公司讲制度流程，小团队就是要讲些义气的。不要把大公司的规章制度直接拿来套用，越套越糟糕。小团队里每个人的分工是多元的，一专多能，一个人要干好多种活。小团队成员要能在快速流动中补位，谁有空谁就顶上去。作为小团队的领导，你必须什么活都会干，你可以干得不是最好，但你要懂。如果你不懂，只负责指挥，很容易被大家架空。

"仁"集中体现在如何分配共同的收入，这也是对团队领导的格局和境界的考验。如果团队领导太关注自己的利益，太以自我为中心，给自己分得多多的，那么项目再挣钱也维持不下去，因为没有人愿意跟随你。

有很多人在分配阶段，在评估自己为集体创造价值的阶段，容易陷入对自我贡献的高估和对别人贡献的低估，这是一个大问题。特别高估自己的贡献，低估团队成员的贡献，这是最要不得的。有的团队成员认为能挣到钱都是他的功劳，其他人没干什么，就是接接电话，跟着跑几趟。他找的客户、资源，所以 80% 的贡献都是他的，其他几个人没多少贡献。这样的认知就很难做成事。这种人肯定带不了团队，没人愿意追随他。虽然他认为自己很能干，但是离开其他人的帮助，他个人无法取得这些成绩。

我觉得最好的分配方式就是大家开诚布公地讨论，大家觉得应该怎么分，提出方案，各自妥协，逐渐接近大家的期望值。如果每个人都认为自己的贡献大，那么肯定不够分，最后大家都得下调预期。

我在《触变》中阐述了两种量化项目成果的分配法。但是，它们对于小团队来说不合适，像用大炮打蚊子，所以我在这里就不给大家推荐了。但大公司、大项目、大协作就得用以项目为基础的权重分配法，它是一个庞大、复杂的评价体系。我们讲科学分配就不能简单化操作，得把各种影响贡献的因素都考虑进去。

小团队的几个人干一个项目，可能收入就万把块钱，结算时领导不能太贪心。如果你还想让兄弟们继续跟随你，就要多分点出去，即使自己吃亏。

庄子讲的盗亦有道的故事，把带领小团队的几个要素讲清楚了，还能够指导我们解决现代团队驱动力的问题，也就是让我们知道什么事可以做，什么事不能做。领导者要想定方向、定战略，首先要确定用户画像。比如，你的产品或服务是针对哪个阶层的？是净资产多于 1000 万元的人群，还是净资产在 100 万~500 万元的人群？他们都处于什么年龄段？
你是要赚孩子的钱还是妈妈们的钱？定方向、定战略，就要
知道哪里有用户，哪里没有，哪里能赚钱，哪里不能。

身先士卒、以身示范也是领导者的基本品质，领导者一
定要有冲在前面的勇气。我曾经在给中关村创业者的培训中
讲到，很多人有水平没勇气，对很多事情只能羡慕、嫉妒或
者抱怨："他们的水平还不如我呢，讲得太差了""他毕业
于哪个学校，还不如我呢"……能开创事业的领导者，能带
领一批人做事的人，首要的品质就是勇气，而不是水平。勇
气比水平更重要，我再一次强调。

带团队没有勇气是不行的。如果一个人瞻前顾后考虑自
己的安危，琢磨自己的得失，那他带不了团队，甚至会被骗
子收割，因为只顾眼前利益、患得患失的性格特征都是骗子
最喜欢的。

⑧ 向上做事，自强不息

"自强不息，厚德载物"是《道德经》告诉我们的道理。
历史上有一个骑牛打仗的开国皇帝，用 3 年时间建立了自己
的帝国，他就是东汉开国之君刘秀。他是"向上做事，向下
做人"的典范。

西汉末年，天下大乱，各地爆发起义。其中，规模最大的是绿林军，一支几十万人的农民起义军，势力特别大。历史上的农民起义，往往目光短浅只顾眼前，一开始打天下的时候很勇猛，稍微有点成就以后很容易分崩离析。

按理说，刘秀算是西汉皇室刘家的后代，只是汉武帝实行推恩令后，刘秀那一代已经沦为平民，刘秀平时就在家里种地放牛。各地起义，刘秀也跟着起义了。他有实力吗？没有，他一没有军队，二没有财力。他有能力吗？没有。当时的刘秀要能力没能力，要实力没实力，只有勇往直前的勇气。正如我们前文所讲，勇气比水平更重要。

为什么那么多有钱有势、有兵有甲的人起义都没有成功，反而一无所有的刘秀成功了呢？我总结了一下，刘秀夺得天下的故事，清晰展示了团队领导力的来源。

冲锋在前，把困难留给自己。刘秀刚从家乡起义的时候，没有马，只有牛。他骑着牛开始了起义大业。攻下一个小县城，抢到一些马匹以后，他把马匹都分给他的追随者，自己继续骑牛。

虽然骑牛慢，他从来不刻意落到后面，而是每次都冲锋在前，身先士卒。这就是"向上做事，自强不息"。他从不因为自己身份低微、无钱无势、无兵无粮而放弃奋斗。他胸有大志，甘愿自己吃亏。如果你不能吃亏，就不要带团队了。带团队要照顾别人，要照顾集体的成就，自己还得吃亏。看看刘秀是怎么做的，好东西先分给部下，马分给大家，自己骑牛，还冲在前面。

你以为刘秀是傻子吗？刘秀是有大智慧。骑着牛都敢冲到前面，你想想他后面有多少兄弟受到激励，愿意为他抛头颅洒热血呢？如果刘秀只是骑着高头大马远远地指挥，后边又会有多少人跟着他呢？

骑牛就能够打胜仗吗？不能！但是刘秀骑牛的行为能够让更多的人心甘情愿跟着他。向上做事，自强不息，大家永远愿意跟着这样的领导。

刘秀在一场攻打县城的战斗里身穿盔甲站在队伍的最前面，和城墙上的敌人对峙。他无惧敌军威胁站在最前面的行为，瞬间提升了士气。大家一拥而上，攻破城门。骑牛皇帝刘秀不懂武功，但是懂人心；不懂专业，但是懂人心。懂人心才能够带团队，懂人心才能聚人气。小团队、中团队、大团队都有人心的问题。应扪心自问，团队带得不好，人心散了吗？把团队氛围搞差了，聚不了人心吗？把团队搞成团伙，勾心斗角了吗？

刘秀在关键战役上善于运用各种人才，当然这就是如何用人的问题。要想用不同人才助你成事，就需要"向下做人，厚德载物"，给人才信任，给他们提供服务。后来有几场关键战役全是刘秀的部下指挥并获胜的，刘秀能识人会用人，也是他最终夺得天下的关键。

比如，有一场重要的战役是刘秀和王莽对垒，王莽带了几十万人，刘秀只有几千人。为什么几千人最终打败了王莽的几十万大军？很重要的原因是他知道哪些人能做什么。他能够为他的部下服务，而不计较自己的战功。在最关键的时刻他身先士卒，带着敢死队冲击王莽的军队大营，向死而生。结果，他把王莽的军队一步一步赶到河里，王莽军队在慌乱中溃不成军，互相踩踏而死。

⑨ 接受不同，拥抱差异

大家要拥抱差异，通过差异看到自己的不同和不足。让人类持续进步、不断进化的原因就是差异，不管这个差异是好是坏。好坏没有绝对的标准。只要有差异，人们就会思考，就会追究背后的道理。差异是人进步的动力。

我提出过一个观点：未来最核心的竞争力就是包容差异的能力。只有进化比较慢的人才容不得差异，总想把跟自己不一样的人磨平。能跟各种各样的人玩到一起，是未来很重要的一项能力。只跟自己玩，或者只跟自己喜欢的人玩，也许这是一种生活态度，但可能会让自己衰退。就像长期待在空调房里的人，他们因为感知不到外界温度的变化，免疫力难免下降甚至衰退。

混序部落就是有意识地把各种差异很大的人聚到一起。有的人知识越多越容不下差异，反而是普通小伙伴对差异的包容性更强。我们可以大胆猜测一下，知识越多越难创新，是因为他们对差异化的接受能力弱了，可能他们不愿意在不同观点中生存，也不愿意和不同观点的人交流。

人类文明必然要发展出接受差异化的能力。未来社会中，能在陌生的环境中，在认知、宗教、信仰等充满差异化的环境中生存的人，就是竞争力最强的人，因为他们能够在差异中实现自我迭代。

西方文明的源头希腊文明也不是原生文明，而是受到了周边文化的影响。它受到了《荷马史诗》提到的迈锡尼文化的影响，也受到了腓尼基人的影响。希腊文化正是受到其他文化的影响，多文化融合发展而成。如果希腊文明没有包容能力，也就不可能成就后来的西方文明。

腓尼基人是现在生活在突尼斯的人的先祖，字母最早是由他们创造的，后来演变为希腊文字。腓尼基人在海边做生意，其中很多人在地中海做海盗。在公元前的几个世纪，他们就在地中海打家劫舍。这种靠海上贸易发展的民族，有精湛的造船技术和很强的沟通能力，这一点成为希腊学习的对象。

大家不妨看看当时的希腊半岛、伯罗奔尼撒半岛的地形，正所谓"穷山恶水出刁民"，希腊当时就是一个出刁民的地方，没有什么资源。不像中国地大物博，物产丰盈，他们没什么好的自然资源，又不能种地，只能在海上以捕鱼为生，捕鱼又会遇到腓尼基海盗，因此希腊人实在是没办法活下去了，只好也学别人当海盗。所以，最早的希腊人连当海盗都是跟腓尼基人学的。

人类历史上有很长一段时期是弱肉强食的，人类在征服与被征服中互相学习。战争也是一种竞争。比如，日本原本是落后的封建国家，美国船队停到日本港口，朝岸上开了几炮，日本人明白自己的技术和装备肯定比不上美国，于是开放门户，实施了明治维新。

希腊早期造船技术比不过腓尼基人，腓尼基人造的船又好又快。希腊的陆地文明也不如埃及源远流长。埃及人的象形文字、建造的宫殿等，都是希腊望尘莫及的，因此希腊要虚心学习。为什么希腊最早的雕塑难以分辨是埃及的还是希腊的？希腊的东西之所以跟周边国家那么像，就是他们向埃及、腓尼基以及波斯等周围先进文化学习的结果。

⑩ 与比自己优秀的人在一起

在混序部落，开放和多元连接深刻影响了许多小伙伴，其中最宝贵的经验是"与谁在一起，表现大不同"。与一些总是抱怨生活不公平、得过且过的朋友在一起，和与一些相信努力就会带来改变、对生活充满希望的朋友在一起，结果是不一样的，形成的分别是一同颓废和一同成长的生命姿态。

这给我们什么启示呢？那就是：要变得更好，要有所成长，一定要知道有比我们更优秀的人存在，一定要跟他们交朋友。不要只结交那些让自己感到舒服的人，你跟他们在一起之所以感到舒服，是因为你比他们优秀或者相近，在他们面前你感到受尊重。而跟比自己强大的人在一起，你心里会有压力，总觉得自己比别人差，害怕被人看不起。不舒服让人成长，什么时候你感到舒服了，可能也就意味着你在这个环境里很难成长了。要有主动与优秀的人在一起的心态，那样才能变得更厉害。古今中外，概莫能外。

纵观人类文明发展的历程，不同民族和不同地域之间相互学习和借鉴，促成了文化的交流和融合。最早以两河流域的苏美尔文明为开端，之后形成的巴比伦、波斯以及相互影响和吸收对方的优秀文化而成就的古埃及和希腊－罗马文明。其中起到穿针引线作用的是居住在地中海与两河流域之间的腓尼基人，他们是海上自由贸易、公平契约和以字母为代表的文字系统的创造者，将古代西亚、中东和地中海连成一片。正是因为周边文明的相互学习和交融，才成就了现在我们所熟知的光辉灿烂的哲学、艺术、宗教和科学。

回溯中国历史，自魏晋南北朝时期到隋唐两代，民族融合，各民族相互学习和借鉴，成就了具有强大包容力的中华文明。无论是蒙古人建立的元朝，还是满族人建立的清朝，它们都实现了中华文明圈的融合，成为中华民族的共同历史。

未来不要过度强调谁比谁强大，谁比谁厉害，而是要与不同的人在一起，向比自己优秀的人学习，保持自己的活力和竞争力，这是更重要的。差异会引发人的思考，促使我们学习和追赶，直至超越。

⑪ 对立统一，快速进化

为什么在混序部落大家看到更多的是合作，很少看到对立？因为传统认知中对立矛盾的东西，比如黑与白、有与无、阴与阳，在混序思维中都是互补的。正是差异的存在，才让大家更加需要对方，明白合作才是生存之道。

什么叫落后？我认为，探讨一下落后是如何发生的，自然就有答案了。大家对不同的事物和人接纳与包容的程度很低，只听得进去一种声音，只承认自己认可的真理，导致自身迭代的速度慢了，进化的速度自然就慢了，而更强健、更优秀的那部分基因要经历更长的时间才会显现，这就导致了落后。

这跟近亲结婚的道理是一样的。近亲结婚的夫妻双方基因差异不大，孩子容易畸形或者患有先天性疾病。血缘关系越远，差异越大，后代越优秀。同样的道理，"近亲结婚"式的文明发展下去是单一、脆弱的，也是不健康的。

由于现代科学和通信技术的发展，全球各个地方的文明都能密切交流。比如，中国连续几十年每年都有不少孩子到国外留学，并且日益呈现低龄化趋势，有些孩子初中就出国读书了。同时，国外也有好多孩子来中国留学。现代社会文化的交流就是如此密切。

中华文明在很长时间里是优于周边文明的，也很少遭遇差异很大的文明，如海洋文明、竞争文明。几千年来我们属于农耕文明，有着广阔的田地可以耕种，形成了"一亩三分田，老婆孩子热炕头"的文化，没有见过具有冒险精神和契约精神的贸易文明。而新大陆的发现就要靠冒险和开拓精神，和风浪搏斗，和不确定性共存。

中国正在成为全球的一个重要角色，时代给了我们巨大的机会，科技也给我们带来了便利，让我们看到了文化之间的差异。这个时候就要看我们能不能包容差异，抑或是想要消灭差异。我认为凡是想消灭差异的思想都是落后的、走向封闭的思想，是过去农耕时代遗留下来的保守思想，不是这个时代应有的思想，也不是一个准备走向未来的思想。

⑫ 以德聚大人，以财拢小人

刘秀在用人方面领导力的体现，可以用一句话概括："以德聚大人，以财拢小人。"正因为刘秀有德，其他各地成气候的起义军都愿意被他收编，其中包括反对王莽的十几万人的队伍。十几万的队伍来投奔刘秀几万人的队伍，愿意归在刘秀名下，大家认为刘秀靠的是什么？是靠实力还是靠其他你能想到的因素呢？如果靠的是实力，几万人应该被收编到十几万人的部队里才对。实际上，这就是"以德聚大人"在发挥作用。这支十几万人队伍的领袖听说了刘秀的事迹：骑牛打仗冲锋在前，任用贤能信任部下，不居功不守财。他认为刘秀能做到这些令人佩服，打着灯笼也找不到这么好的带头大哥，立即带着队伍前去投靠。

除了"以德聚大人"，还需要"以财拢小人"。王莽手下的一些将领首鼠两端，哪里有好处就往哪里跑，谁给他好处就跟着谁。他们有理想吗？没有！他们喜欢刘秀吗？不喜欢！他们以利害为标准决定自己下一步棋该怎么走。

这些人通常有一定的专业能力、有钱、有枪、有人，他们往哪边倒戈很大程度上决定了谁将拥有天下。这些人靠德行是吸引不过来的，他们是"生意人"，目的就是得到钱财，维护自己的利益。这种人在历朝历代，尤其在军阀时期真是太多了。

刘秀三年建立东汉，靠的就是两方面都用到，"以德聚大人，以财拢小人"。用财拢的大多是小人，还有求财的农民。比如绿林军就是由农民、土匪改编，他们求财要土地，要钱要好处。刘秀的政策优厚，承诺成功以后按照贡献全部给予相应的回报，封官加爵，可为几代人提供保障。大家相信刘秀，很多求实际好处的人就从王莽的军队中、从绿林军的队伍中分离出来，投靠刘秀。

刘秀的例子非常具有典型性，也非常具有戏剧性。强大的领导力，强大的团队驱动能力，能够把不可能完成的事情实现。我们从中学到了哪些领导力的要点呢？

第一，冲锋在前，把困难留给自己；

第二，关键战斗亲自上阵；

第三，先打容易的仗，树立威信，磨合团队；

第四，关怀、尊重下属，才能收得住人心；

第五，以德聚大人，以财拢小人，大人小人都可用。

我把这两个历史上很有名的故事层层分解，层层降维，再把故事背后的道理落实到我们每个人的身上。每个人都有参与集体活动的机会，此时就需要运用个人魅力和领导力来赢得大家的尊重，赢得大家对领导权的认可。你的领导权一旦不被认可，就没法带领大家做事，没法管理他们。如前所述，领导力最关键的就是解决自己"何德何能"领导大家的问题，一定要把这个问题弄明白。

领导的能力包含动员力、沟通力、组织力，决策力、灵活的应变力，这些都是能力层面。但如果你只有这些能力没有德行，那么一切等于零。德就是所有能力前面的"一"。德能配位，你就能够带领团队，聚团队的人心，吸引人跟随。

否则你带的就不是团队，而是临时的利益共同体，利益在人在，利益散人散。团队是有共同目标、能持续投入达成目标的组织，维系团队的不仅仅是利益，还有更高维度的共同追求。

怎么培养和获得德行呢？其实就是靠一点一滴的小事。在德行的积累方面，一点小事都有可能散发出巨大的光亮，可能带来无穷无尽潜在的机会。你撬不动的，德能帮你撬动。再大的人物在优秀品德的面前都是渺小的，在利益面前可不一定，因为利益无法收买所有人。

小人物也可以利用好"德"让全天下臣服，这就是刘秀成功的秘密。一个放牛娃举了一面德行的大旗，让全天下来追随。没有兵，对方的兵会变成你的兵；没有枪，对方的枪会调转枪口对着敌人。是什么力量促成这些的呢？你要把这个悟透，坚持在实际生活中运用，未来你做什么项目，都容易有贵人相助。

贵人相助不是因为你的颜值高，也不是因为你有钱，而是因为你有德行，也就是人品好、靠得住、可托付。他把事情交给你，知道你会不辱使命。德行的修炼会带给你一辈子的收益，很多人没有悟透这一点。有些人悟透了，但觉得这一步太难跨越了，因为德行就是反人性，就是要把"我"放小。有人会想，我凭什么要帮助他？他给了我什么好处呢？即时回报的心态就是吃瓜群众的心态，这样永远不能收获未来的好处。你只顾自己，谁会把重要的项目托付给你呢？谁会把重大的机会分享给你呢？

先改变态度，先主动积极地看看你能够为大家做些什么。这样的行为就是在积累你的德行，积累影响力。而影响力就是领导力的前奏。"仁"是中国人信奉的最核心的道德理念，仁是什么？就是两个人。两个人能够考虑到对方而并行就叫仁，而不是你打压他，他打败你。

⑬ 梦想感召人，愿景凝聚人，希望驱动人

人，心定则身安。人活着要有信念，总要相信些美好的东西。让信念引导自己的人生方向，有信念的人在奔跑，没信念的人在流浪，因为他们不知道要去向哪里。有信念的人在感恩，没信念的人在抱怨，因为他们觉得全世界都欠他的。

在移动互联时代，人们买的不仅仅是你的产品，更是你的信念。你所做的一切，就是你信念的证明。你的 IP 代表的不仅仅是产品和服务，更是信念。未来经济社会中，单靠经营产品，路必将越走越窄。而经营人品和信念，路必将越走越宽。产品做后盾，人品开先锋，信念定江山。

无论线上协作还是线下任务，让团队成员彼此充满信任，并且真心跟你走，会比你单枪匹马搞定目标难 10 倍。但驱动团队的能力，才是人生最值得攀登的山峰。带团队之前，个人的成功主要体现在自己的成长和独立成就上；带团队之后，

你的成功将表现为帮助他人成长和取得集体成就。这一步不仅仅是能力的突破，更是格局和价值观的跨越。

坚定的信念是领导力的第一步，在团队中就是要树立小团队的愿景，或者叫作小团队的梦想。很多人认为小团队的管理很简单，或者小团队不需要管理，这是一个极大的误区。根据我的经验，小团队管理能力是把事情做好做大的基础，也是打造未来最核心的组织能力、领导能力、团队能力的第一阶段。这一阶段一定要从激发大家的共同梦想，形成共识和愿景开始。

历史上经常出现一些成功创立事业的团队，比如改朝换代的刘邦团队。刘邦在和项羽争霸天下中获胜，很重要的原因就是他有一个很好的小团队。大家都知道张良、韩信，他们都是刘邦的团队成员。刘邦知识水平不高，地位也很低微，但他为什么能领导韩信和张良呢？最关键的就是刘邦给了他们一个未来，一个期许。我们讲的愿景，简单来说，就是给大家的盼头。愿景就是让团队形成凝聚力的主要因素。

那么愿景怎么形成呢？是不是画饼就可以了？或者给大家讲自己的梦想，就算形成愿景呢？很多人会在这里出现分歧。有些团队领导每天给大家讲自己的梦想：我想改变世界，我想做世界第一。这样的做法靠谱吗？

其实，愿景和梦想并不复杂和深奥。7万年以前的智人就是靠着他们率先进化出的虚构故事的能力，团结他们的族人，发展出他们共同的图腾，在与他们同时期的尼安德特人和直立人的竞争中胜出。尤瓦尔·赫拉利在《人类简史》一书中强调，认知革命最核心的是通过虚构故事创造出共同想象。他说："究竟智人是怎么跨过这个门槛值，最后创造出了有数万居民的城市、有上亿人口的帝国？这里的秘密很可能就在于虚构的故事。就算是大批互不相识的人，只要同样相信某个故事，就能共同合作。"（《人类简史》第 28 页）

在形成团队愿景的过程中，我们一定要特别注意一个问题：愿景是团队成员共同的愿景，一定要考虑到团队成员的需求。愿景一定不是团队领导者自己的愿望。当然领导者的愿望是很重要的，但同时还要考虑到团队其他成员的诉求。

愿景要分不同的组合，或者叫分阶梯。这就需要团队的领导者特别了解团队成员，了解大家想通过共同奋斗达到一个什么目标，实现一个什么结果，最终才能决定分哪几个阶段达成大家的美好愿景。

所以，团队设立愿景要考虑到大家的需求，要将其分成不同的类型，还要分阶段实行。在这个过程中，大家要在思想上达成共识。为什么大家要一块做这件事？这个问题一定要在开始就予以解决。否则，懵懵懂懂开始，就会导致很多管理问题。

很多管理问题都是在最开始埋下的雷：有些人干着干着就走了；有些人不和；有些人工作中出现偏差，把不该做的事也做了；有些人吃里扒外、阳奉阴违；有些人三天打鱼两天晒网，当一天和尚敲一天钟。通过共同愿景让大家达成一致的努力方向，通过阶段性的梦想让大家有盼头，这是小团队在做具体项目前首先要做的。

我给创业者做培训的时候经常讲一个故事：当你想集合大家的力量造一条船，到海的对面寻找一片新的陆地，以获得更好发展的时候，你要做的第一件事情什么？大部分人会说当然是造船，先把大家召集起来，然后分工协作，有人做设计，有人采伐木头，还有人练习划船。思路就是，先找人找钱，再把这些人集合起来，把船造出来，才能去海的对面。

把大家召集起来布置任务，这当然不是你要做的第一件事情。你要做的是选一个满天繁星的夜晚召集大家坐在海边，对大家说："你们想不想知道海的那一边有什么？""据去过海那边的人讲，海的那边有一座金山，山里有数不尽的宝藏。"你要根据不同人的需求，描绘海对面的未来，我们过去将得到什么。所以，首先要激发大家对未来的想象。

目标在达成之前，对所有人来说都是虚拟的。目标有可能达成，也有可能达不成。什么是希望？希望就意味着这一目标未来可能实现，也可能实现不了，但我们有信心实现它。把大家召集起来的第一件事情就是谈谈我们未来要做什么，如果大家一起努力，齐心协力做成了，我们会得到什么样的回报。

这就是为什么很多创业者经常讲，把产品做好有了一定的市场占有率以后，公司要上市，上市以后市值会有多少，大家的身价会有多少……曾有个热播电视剧叫《创业时代》，剧中的创业者住在地下室，仅有的一位团队成员还是因为走投无路才跟着他创业的。但即便住在地下室，他也没有放弃梦想，每天都在激励唯一的团队成员。在精神力量的支撑下，他们竟然渡过了难关。

大家可能会说，那不是画饼充饥嘛！在最开始的时候，每个团队领导者都是这样的，无论古今中外，比如中国的刘邦，西方的亚历山大大帝、凯撒和拿破仑，他们靠的就是让更多的人形成共识，进而形成强大的团结力量。

用共同梦想代替个人梦想、达成共识，这一步不可或缺。很多从大企业出来创业的人往往就是在这个问题上犯了错误。在我接触的那些从大企业出来创业的管理人员中，副总出身的高管创业失败率较高，部门经理和项目经理成功率反而较高，为什么呢？因为副总往往只管一个方面，只关注局部，没有整体概念。他专注于某一方面的时候，和其他部门是竞争关系，因此很难主动团结其他部门。部门经理可能只管二三十个人，但他需要全面地思考问题，需要设置目标、愿景，把整个团队拧成一股绳。他还需要把任务和目标层层分解到每位成员，并且要让其接受。他需要大量内部沟通来让团队达成共识，副总没有经过这样的训练，他是通过向各个部门发号指令来开展工作的，通常的解决方式是开会。所以并非原有职位越高的人就越会管理团队，最关键的一环就是要让团队成员达成共识。

共识形成的过程也是能够列出具体任务和目标的过程。完成这项任务还缺哪些资源？缺时间还是缺设备？缺空间还是缺沟通的过程？这实际上也是你了解团队成员为了完成任务可能遇到什么困难的过程。这有利于大家在执行任务的时候，一旦出现问题能够马上协调支援。你把每个成员的工作弄得清清楚楚，那么你就对他们可能在什么环节会遇到坎儿，可能会遇到哪些不确定的因素了如指掌，就能提前进行预判和风险控制。

在正式讲小团队的管理之前，我们必须先明确两点：第一，团队领导者自己要做好心理准备，否则容易一开始就遇到问题；第二，不要幻想寻求最优团队组合，要和现阶段你能吸引到、愿意和你共事的人工作。在行动的过程中随着团队的发展，你才能吸引到越来越适合的人才加入。这一点也是小团队领导者容易陷入的误区。我们总是想把一件事情策划完美、准备周全才开干，但创业从来都没有图纸，永远都在解决问题的路上，永远都在冲突和摩擦中前进，这才是真实的情况。

第 2 章

原则二：

行动才是一切的答案

　　这个世界是自然演化和人类行动共同促成的结果，而不是出于人类的设计，是进化和演变这种不可阻挡的力量创造了我们现在所拥有的一切。就像马特·里德利在《自下而上：万物进化简史》（*The Evolution of Everything: How New Ideas Emerge*）一书中描述的："我们所有人都犯过的同一个惊天大错，存在的同一个盲点就是：人人都以为，世界主要依赖规划。……虽然我们不愿意承认，但是在很大程度上，世界是一个自我组织、自我变化的地方。候鸟在天空中排队成 V 字形并无意义，白蚁建造了宏伟的蚁穴却不需要设计师，蜜蜂修筑六角蜂巢不靠指令，大脑的塑造不来自'造脑师'，……基因组没有主基因，大脑没有指挥中心。"

　　自然选择是给我们这个世界带来改变的最强大的力量。病毒是怎么通过变异发展壮大的，在一代病毒之后会不会出现一个更强有力的新病毒，我们无法预测。虽然病毒很小，它超强的自我进化、自我竞争、自我选择的能力却让人类感觉到自己的渺小和无能。事物不可抵挡地通过试错表现出持久的选择性，通过在持续行动中试错，是自然选择的重要形式。大自然之所以复杂和美丽，是因为它不存在设计师，社会的演变同样也不是由规划师来决定的。

新兴事物都是在运动变化的过程中实现从零到一、从无到有。事物都是在不确定性中生存发展，只有在行动中才能逐渐找到并确定正确的方向，行动就是以不确定性对抗不确定性的最好方式。用每一步实践证实"真知"，而不是把所谓的"真知"放在实践之前。实践是第一步，真知"紧随其后"。从本章开始，我们将讲述团队的三原则支架中的第二个部分：行动力。

行动力非常关键，尤其是在充满不确定性的时代。唯有快速采取行动，立即实施项目，才是应对风险和怀疑的最好方式。我身边有很多例子，他们都曾遇到过好机会，却因为行动力缺失而误事。很多人由于对风险和不确定性的恐惧，错过了时机。

每个人一生之中都会遇到一些机会，即使是再平凡的人。很多人就是因为行动力的缺失与机会失之交臂，之后很难碰到更好的机会。这是由于他们对行动力的认知还不够。正确的认知是，马上行动，在当时的阶段利用身边有限的资源，能干成什么样子就是什么样子。不要执着于事事完美，不要过于追求完美的时机，应该小步快跑加速迭代，在行动中不断地完善和修正。

① **不要期待有了完美计划才开始行动**

　　很多人会说，我还没有团队怎么行动呢？我们不妨想想实际运转中的团队是怎么形成的。是先有完美的团队，还是在行动的过程中不断有人加入，最终形成相对稳定的团队呢？大部分团队是在行动中形成和完成进化的。这有点像打仗，不管具备什么样的条件，都因时因地制宜，马上部署迎敌。有条件就打阵地战，没条件就打游击战，条件再差点儿就采用地雷战，打着打着人心向背就清晰可辨了。

　　很多人做事前习惯性地做计划，有些团队在计划上花费时间过长，比如为了制订一个可行的计划讨论一周，甚至导致在计划阶段团队内部就出现了分裂的迹象。一个好的计划当然可以提高成功的概率，但好的计划从来不是靠拍脑袋拍出来的，而是从行动中得来的。

　　在做一件事的时候，我们不可能获得所有相关信息。在信息不对称的情况下，应该勇敢地、试探性地往前走一步，根据这一小步的结果调整计划，再试探性地跨出第二步，再完善计划。通过实践结果来验证最开始的假设，可以避免团队成员的设想过于主观，避免无休止的争论。一次不成熟的行动胜过十次完美的计划。

　　我有不少朋友从大企业出来自己创业，很遗憾成功者少。很多分析文章将他们失败的原因归结为他们在大企业获得的经验比较单一，没有做过完整的闭环。或者，有文章认为他们放不下架子，不愿意立足基层从小事开始做起。我认为这些分析都没有切中要害，据我在混序部落多年的观察，他们失败的关键原因就是计划力强，行动力弱。他们都是特别擅长做计划的人，这源于他们过去在大公司受到的职业训练，但创业要求的恰恰是超强的行动力。

因此当他们来咨询我时，我通常会给他们推荐一种做事的思维，我把它称为"爬山模式"。"爬山模式"的本质就是不要停留在山脚下，而是尽快开始爬山，也就是说不要受限于最开始的商业计划书，不要迷信宏大叙事，而应着眼于重要且紧急的局部事件，先用最快的行动获得局部成功。

所以，并非找到多少投资或者组建多大的团队才能开始行动，应该就近利用可用的资源，从现实情况出发做事，而不是一定要等到一个理想的状态才开始。也许当时可用的资金、资源和可调动的人员都不是最令人满意的，但足以让你迈出第一步。想方设法先取得第一步的成功和局部的胜利，让资本和人才看到，第二步就更有可能吸引他们加入。同时快速验证你的创业方向是否正确，产品真实的市场接受度是多少。

这就很像爬山。很多人一看见高高的山顶就选择躺平，待在山脚。但如果你告诉他只需要爬到山腰的小亭子，大多数人还是愿意试一试的。到了小亭子以后，你再告诉他往上爬几百米就有一间小庙，在小庙里许愿特别灵，或许可以帮助你实现愿望，可能一半人愿意试一试。到达小庙以后，你再告诉他们很快就能爬到山顶了，站在山顶自拍发到朋友圈里，那就是真正的"凡尔赛"了。我估计这个时候大部分人即便再累，也愿意咬咬牙尝试冲顶。这就是我经常辅导创业者的"爬山模式"：降低每一步的难度和风险，快乐地创造每一小步的成功，通过每一小步的成功累积为登顶的大成功。

⑫ 流动中保持动态平衡

团队的结构也是变化的，有人流出，也必然有新人加盟。你的团队、你的公司，包括你的合伙人一定要保持流动，不能只进不出。在制定公司合伙人制度的时候，一定要加一条公司合伙人的退出机制——主动退出机制和强制退出机制。不作为、不主动、心不在一处、不走一条路的股东就需要把股份转让出来，让更有贡献的股东优先收购。

要流动。保持流动就是保持活力、保持战斗力、保持创新力。只要一成不变，就会形成内卷。常常有人问我如何保持团队的活力，我的答案是，最重要的秘诀就是流动。混序部落天天都在流动，每天都有新的酋长和新的部落进入，也有一些部落流出。保持果断的行动力，保持流动性，先开枪后瞄准。

让你的团队形成一种动态的结构，就要保持开放性，保持团队成员的流动性，包括人才的流动性。永远不要给一个人永久的依赖和保障。有了永久的保障以后，人就会丧失动力，接下来团队就会丧失公平性。一个人如果很容易得到，往往就会要求更多的好处。团队里不要养懒人，也不要养首鼠两端的小人。一旦识别出这些人，要坚决把他们"流动"出去。

如何在行动中识别人才？一定要"先开枪"，先让新来的团队成员参与一些小项目，做一些小事。"开枪"之后能飞的自然就会飞起来，不能飞的自然就趴在下面，胆子大的自然会抬头，胆子小的自然就把头埋在泥里了。

在团队行动和成员流动的过程中，团队领导者自己也要主动学习，要有更宽广的心胸、更高层次的思维。领导者要在行动中学习识人用人，在实战中学会把握计划与执行的动态平衡，在项目的推进中学习过程控制，在复盘和总结中学习经验与教训。不要害怕失败，即便是错误的实践也能带给人有用的经验，而这些经验就是你下一步行动时最宝贵的资本。

⑬ 先做成一件小事，让团队有信心

小微创业和 IP 打造与我们通常说的大企业的项目遵循的逻辑和路径是完全相反的，因为他们的起点和资源是完全不同的。企业和公司组建团队创立项目是追求从 1 到 N，而小团队是实现从 0 到 1。

　　大企业做新项目首先从战略规划开始配置资源，再分解到执行单位，因为他们的目标和任务是固定的，他们的资源保障和人才也是相对固定的。就这点而言，详细的计划对他们来说至关重要，他们的战略是：顶层设计 +100% 的执行力 = 成功。我把它称为"建构模式"。

　　但对于创业小团队来说，战略路径完全相反。小团队的模式可以概括为：一个大致方向 + 多次的尝试 + 在行动中确认目标 = 逐步靠近成功。我把它称为"生发模式"。小团队模式基于对不确定性的试探，在探索中逐步靠近成功。

　　在生发模式下的小团队要实现梦想和目标，首先就要做成一件小事。什么是一件小事？小事就是可以被分解出的做成大事的第一步。如果没有这件小事的成功，就很难缩短梦想与现实的距离。很多创业团队还没走几步就失败了，问题就出在这一环节，贪大图快。

　　当从 PC（电脑）端转向移动端的互联网趋势来临，面对种种不确定性，讨论太多的人反而失去机会。成功的创业者都是立即行动，先做成一件小事以树立信心，再从行动中发现答案。字节跳动团队初创时进行了一次讨论：移动端的客户喜欢什么样的信息？他们把信息抽象为"体裁"和"主题"两大维度，体裁包括图片、长文、短文、视频等，而主题可以覆盖学习、娱乐、生活等。最后，团队决定以图片为切入点进行尝试，上线了第一款 App（手机软件）"搞笑囧图"。没想到的是，这款 App 的注册用户在一个月内就达到了 100万，获得了巨大的成功。

混序部落的一个项目"混序宫灯"，是一群残障人士为了自食其力抱团创业发起的项目。这不是他们的第一个项目。他们最开始开了一个小印刷厂，采用的就是大企业从上到下的建构模式。他们做了顶层设计、商业计划书，也筹集到了钱款，设定了部门层级岗位，购买了设备，租用了场地，然后，风风火火地将印刷厂开张了。但经营不到一年，印刷厂就关闭了。这是为什么呢？因为他们的产品既没有市场竞争力，也没有独特的产品定位和技术含量。

经过第一个项目的历练，他们打算重新开始。这次他们选择了从零到一、从小到大、先客户后产品的思路，采取先 IP 后实体的生发模式的战略路径。

他们首先在家乡山西晋城找到一些传统的宫灯艺人，试制了一批传统宫灯，并在当地和社群里广泛征求意见。在获得宝贵的建议后，他们再邀请设计师进行现代化设计改造，将传统非物质文化遗产的技术与现代审美和文化潮流相结合，很快又做出来一批宫灯。

这批产品受到了大家的欢迎，有人开始购买。接下来他们找到了便宜的厂房，开始小批量生产。随着产品通过社群密集营销传播，他们的业务量越来越大，团队成员也从最初的 5 个人发展到 60 多人。同时，他们的混序宫灯项目受到了当地政府的大力支持，目前发展态势良好。混序宫灯项目在2021 年参加了山西省创业项目大赛，获得了二等奖的好成绩。

这一案例很好地证明了初创小团队先做成一件小事的重要性。先做成一件小事，团队不仅可以验证创业的方向是否正确，还能够在过程中和用户一起打磨出用户真正喜欢并愿意购买的产品。混序宫灯项目让这个小团队从第一次创业失败中走了出来，重新树立了信心。

④ 行动解决焦虑，改变何时都不晚

现实中有很多人时常处于对工作和生活的焦虑中，这种焦虑严重损害了他们的心理和生理健康，导致他们生活中对自己充满怀疑和负能量。与他们不同，有些人通过果断的行动彻底改变了自己的生活和工作状态，把自己从紧张和焦虑的精神内耗中拯救了出来。在混序小伙伴中有一个大家非常熟悉的部落酋长——王瑞校长。她的经历就是快速行动、主动改变的最好证明，下面就是她的自述。

每个人都有自己的人生剧本，都在尽力扮演好各自的角色，完成家庭、工作及其他社会角色赋予的职责。我是王瑞，完成学业后进入央企，之后成家并养育孩子。我的生活在家人们的期待中循规蹈矩，我尽着女儿、妻子、母亲的责任，并无意外。可30多岁的我充满迷茫，生活貌似安稳却激流涌动，不变的是我，迅速改变着的是窗外的世界。

什么是安稳？拥有一份稳定的工作是安稳吗？建立一个家庭就能得到安稳吗？那时的我隐隐觉得这些都无法带给我内心真正的充实与安稳，反而让我充满焦虑。那时候我的生活和工作看似达到了一种长期稳定的状态，但这种封闭僵化的稳定态其实是最具风险的。在一个封闭的圈子里营造岁月静好的假象，它形成的稳定是脆弱易碎的。

我的未来不该只有柴米油盐和两点一线，我还没有真正了解开放的世界、更多的机会，也尚未尝试更多的选择。这个念头在我成为两个男孩的母亲之后更加强烈。我不该只是在日复一日所谓的忙碌中消耗自己，不能像只陀螺一样不停地打转。我要走出去，我要先去尝试。

我也曾害怕，怕走出体制的我一无所长，无法适应外面的世界；我也曾胆怯，30多岁的年龄焦虑困扰着我，很多人35岁即失业，走出体制的我必然面对更激烈的竞争。是孩子们给了我力量和勇气。看着他们一天天成长，活泼可爱、充满朝气和希望，如果我作为他们的妈妈害怕退缩了，那么未来我还能带给孩子什么呢？我又该如何鼓励孩子呢？于是在央企工作8年后，我选择了辞职。为了探索更广阔的世界，也为了先孩子的成长一步，未来能给他们带来一些建议和帮助。带着这样的诉求，我一头闯进了充满不确定性的社会中。

　　遇见混序部落，遇见李文博士，是我人生中的"意外"，也让我看见了更广阔的天地。我一毕业就进入央企工作，熟悉的是机构的流程和环境，出来以后是没有头绪的。在优客工场的一场创业分享会上，我遇到了李文博士和他创立的混序部落。这给我打开了新世界的大门。尽管没有资源和人脉，但是，只要心里还有火焰，肯踏实行动，一样也能做事，并且做成事。带着憧憬，也带着怀疑，我走进了混序部落，主动与他人连接和学习，了解混序的做事方法。

　　不得不说混序的思维和方法非常具有前瞻性。混序部落是在微信社群中搭建的去中心化的自组织，通过鼓励大家自发连接发起项目，实现心中热爱的事业，帮助大家重新树立和塑造"自我"。通过人与人的自发连接形成不同专业和行业的互补，跨界创造新的事业机会。

　　很多人的"自我"是在人群的相互感召和激发中被唤醒的。在我的长辈的观念中，集体是第一位的，服从集体是他们的群体基因。他们的自我是很微小的，大部分人一辈子循规蹈矩，服从组织的安排，"我是组织一块砖，哪里需要哪里搬"。年轻一代自我意识变强了，明白自我实现的道理，也有着强烈的自我实现的愿望，当时的我内心也燃起做成一些事的强烈冲动。

　　在部落里，我尝试重新找回热爱，并在群友们的鼓励下快速行动。重新找到并建立自我的最好方式就是找到自己的热爱，并与更多人建立联系。说来惭愧，当时 30 出头的我心态犹如一位耄耋老者，几乎找不到热爱和想为之努力的事情。我在部落里做的第一件事就是捡起曾经对量体裁衣的兴趣，发起了"混序樱月手制"项目。这是一个有温度的项目，主打作品是我亲自缝制的裹身裙和原创手缝领带，并在手缝领带里注入中国传统文化元素，用新文创思维赋予它新的含义。其中的作品"一品"受到了日本堂吉诃德 JIS 董事长中村好明先生的喜爱，作品"竹韵"获得了孙正义助手、SBI Ripple Asia 株式会社董事长沖田贵史先生的好评。在部落的前 3 年我亲手缝制了 200 余条裹身裙、100 余条手缝领带，受到了小伙伴们的欢迎和支持，很快销售一空。这是我第一次社群创业，大家的鼓励和认可给了我满满的能量和成就感，也让我收获了创造的快乐和内心的充盈满足。

要想获得生活的快乐，最根本的是用很多个"我要去试试"填满人生。勇敢地行动尝试，从"我不能仅仅是这样""我还能做些什么"开始逐步在行动中挖掘潜能，然后思考"我还可以做些什么""怎么能做得更好"，一步步尝试，一步步总结，一步步突破，逐渐靠近心中希望自己成为的样子。这就是混序部落里常说的"先开枪后瞄准"，也是我找到自我的路径。

未来是不确定的，难以琢磨的。比起只是空想，我更愿意做好当下的每一次尝试，做自己喜欢并具有一定天赋的事，在行动中找到未来的方向。为喜欢做的事努力是充满能量的最好状态，因为热爱才能不计较一时得与失，才能够经得住考验和磨炼，往往也能获得更好的结果。

⑤ 小微创业从小团队起步

现代社会经济的自由度和个人的自由度得到了巨大的提升。全球化让人类形成了大联网，个体单独与其他经济体进行交换的障碍已基本被消除。比如微信、推特、Meta，这些 App 不光是社交媒体，还是人与人之间的连接器。技术一步步推动个体发展为经济活动的最小单位，人和人之间通过小团队的方式联合工作因此变得非常方便和快捷，而且成本很低。

混序部落的社群里发起了很多小团队，比如睡眠体验官项目就是由晨冰酋长发起的由几个人参与的小团队项目。他们通过对睡眠环境的诊断提出改善意见，帮助客户提高睡眠质量。一些未被满足的需求就是我们创业者应该关注的未来市场方向，比如"给婴儿拍摄人生第一张照片"这个小项目就可以由一个小团队完成。人群中有这样的需求，护理师、摄像师、灯光师等相关人员马上就可以组成小团队，专门服务于这样的新兴需求。即便是这么小的服务领域，未来也有可能形成一个有规模的市场。未来要赚的钱就隐藏在此刻尚未被满足的需求中。

现代技术把原有的社会阶层压扁平了，无论谁都可以在一个平台上进行交流。社群、抖音、视频号都是很好的社交工具。可以通过这些工具吸引一批志同道合的人，或者叫粉丝，先建立好联系，等到时机成熟，涌现出一个大家都想去做的事，就可以实施项目了。一旦竖起旗子，做事情就容易了，因为你已经获得一群人的支持，并在日复一日的交流中建立起了一定的信任。

⑥ 自由人的自发组合

基于单位的合作与自由人之间的自由协作，需要的能力是完全不同的。单位派你去和对方单位合作，你没有办法选择合作方，只能听从组织安排。这是一种刚性的、被动的合作，合作的结果是被规定的，因此这个过程很难创造新的机会和价值。而异军突起的新的商业模式和项目，往往是两个或者多个自由的、具有不同能力的人自愿自发的组合。只有这种自愿自发的、没有设定在既定框架内的连接和组合才可能产生真正的创新，他们做出来的事往往具有创新性。

一旦脱离组织成为自由人，成为最小的独立经济体，就要以老板的心态来考虑问题，而不能以打工者的心态考虑问题。所有的自由合作都是平等的关系，发挥作用的是市场规则而不是权力规则。打工者的心态往往是想要寻找一个依靠、一个英明的领导，这样的心态会限制你，使你不能真正发挥作为独立经济体的人格。

　　线上连接最大的功能就是让你和原来完全陌生的人产生联系，产生可能的合作，联系本身就是给未来创造机会的基本方法。现代社会中每个人都是网络的一部分，每个人都是一个网络节点、连接点。你连接的人越多，与你合作的人越多，你的综合能力就越强。未来商业网络化是基本特点，连接能力就是资源的整合能力，就是未来小微企业和个体 IP 的赚钱能力。与越多的陌生人连接和合作，越有希望在未来获得重大的突破和机会。

　　一些组织做事的范围非常宽泛，如果你们做的这件事带有商业性质，就可以叫创业。混序部落小伙伴自发召集大家参与的主题活动里包含了大量的商业活动，比如项目的交流、产品的交换、群成员之间发生的内部交易等。大家聚集以后会产生一些想法，有些想法最后变成了产品，提出想法的人建立了团队，成立了公司，就能创造新的价值。

　　有些项目还能够让一些社会闲置资源，比如空间，重新焕发活力。有一个小伙伴在社群中找到了志同道合的朋友。他原先在大学城旁边开了一家西餐厅，经营困难。他结交的一个社群伙伴是做剧本杀的。他们商议后决定结合双方优势，整合成一个剧本杀西餐厅，这个项目立即火爆。

　　通过自由人的自由联合实现优势互补，一种新的商业模式很快浮现。很多商业模式往往不是全新的，而是过去的两种不同业态的重新组合。这给我们带来一些启发。

⑦ 去中心化的低风险试错

跨界小团队加速了混序管理的发展。个体时代来临以后，很多人开始自发组织小团队，希望找到合适的人共同做事。想吸引愿意跟你一起做事的人，不能仅停留在口头上，应该赶快行动。大家的背景不同、能力不同、经验不同，因此很容易互补，这是跨界小团队最大的优点。不同背景、不同专业、不同技能的人聚集在一起，提出想法后可以制定目标迅速实践，迅速尝试。完成项目的第一个周期后，如果序出的结果不太好，不要灰心，应迅速调整目标，调整思路再去尝试。被市场认可的道路就是团队在行动中不断试错走出来的，不是由全知全能的神赐予的。

团队需要动态的管理。团队领导者首先要把自己放在和大家一样的位置上，尊重并倾听每一个成员的意见。至于谁的意见对，不要过早评判。在形成团队共识的前提下，不妨往前多走两步。

小团队很容易走向两个极端，一个是集权，另一个就是过于依赖。小团队要用融合的、动态的、混沌和秩序相结合的方式，在前进的过程中不断磨合，调整融合。小团队动态管理的过程也是团队成员调整和适应彼此的过程。团队成员要提升自己的修养，懂得合作的道理是彼此妥协，成功是属于集体的，而不是属于某个人的。每个成员都该明白，团队一旦走向分裂，就没有任何成功的可能了。

　　团队领导者必须要练就团结能人的能力，这是我总结了几百个项目得出的结论。很多团队领导者表面上看起来很普通，实际上有一点不普通，就是能够团结那些有能力的人，甚至是已经创业成功的人、实现了财富自由的人组成团队共同做事。相反，混序部落里有很多从大企业出来的中高层专业人士，他们自己做小公司的"阵亡率"很高，十个里面有九个半失败了，最大的问题就是他们的个人角色没转换。

　　带领一批人做事就要有创始人心态。这意味着你要明白你的职责就是激励更多人、团结更多人为共同目标努力奋斗，而不是追求绝对的控制权。陌生人合作的基础一定是彼此尊重，有自由、相互尊重的交流空间。团队领导者一定不能一言堂，唯我独尊。

⑧ 平台 + 团队的多元商业生态

　　近 20 年来，传统企业在互联网大数据技术的引导下，在 IT 数字化浪潮之下，经历了变革和转型，以及组织方式的重大改变。其中最明显的改变就是传统的组织正在从原有的命令加控制、流程加汇报的金字塔型层级结构，转变为平台加团队的新型结构。

马斯克为什么能研发火箭并发射到太空中，并且还能创新地进行回收？马斯克的组织方式就是混序组织的方式。他在组织内运用平台＋团队、混沌＋秩序的组织方式高效组织利用有限的资源，做出了发射火箭、脑机接口、太空星链等高精尖项目。他的脑机接口项目正在训练猴子画画，如果他的团队能把这种芯片植入瘫痪病人身上，可能就会帮助瘫痪病人重新行走。为什么他能跨越生物科技、航天科技、汽车行业等众多看似不相关的行业研发产品，又都很成功呢？秘诀之一就是他使用的组织模式。

马斯克用平台的方式把资源整合在一起，他的高科技团队可以多元化支持平台，为不同的项目提供服务，这样就实现了极大的资源和效率优化。他的小团队可以涉足不同的行业，甚至不同的产业，只要他想。他甚至不需要建立公司，只需要设立项目团队，由平台提供服务支持就可以了。这就是平台＋团队模式强大的生发力量、创造力量。这种组织方式就像在商业生态中撒下种子，如果能得到平台的资源支持，就会生根发芽快速生长。

现在很多大公司做到了平台化，需要很多小项目与其连接，共同向大众提供服务。比如抖音平台就有很多创业小团队在生产内容。实际上，平台并不自己创造很多内容，而是鼓励小团队把制作的内容放到平台上。平台是离不开小团队的，也离不开项目。小团队的生存方式就像"U 盘化生存"，把自己打造得像 U 盘一样，无论插到哪一台计算机上都能进行价值输出和交换。

　　时代给我们提供了多元化的生存环境，只要你把精力和专注力放在内容和产品上，你就有生存的空间。你不必独立打拼，只须和不同的平台进行适配。平台也会提供培训机会，帮助小团队做视频制作和运营，提供直播带货渠道，等等。小团队就是一个可以在各种平台中生存的自由的小经济体。只要你的小团队打造得足够好，产品足够有特色，足够满足部分人的需求，你们就可以生存了。这个时代趋势非常明显，大家应该可以寻找到更好的适合自己的机会。

　　在传统组织里，组织边界是非常清晰的，有岗位说明书、组织流程、组织结构、层级架构等。现在的组织越来越倾向于打造一个开放平台，提供一些最基础的支撑功能。这就相当于打造一个剧场，把舞台建好，跟外部各种团队和项目对接合作。他们把团队邀请进来，让团队站在舞台的中心成为主角，帮助团队获得价值和增长。这样平台＋团队就不光是某个企业内部的事，而且具有了社会价值。

　　在短视频＋网红经济模式下，任何普通人都有可能成为IP，或者一个小团队的组织者。只要你有一些独特的内容和创意，联合一批人组成小团队共同奋斗，找到一个合适的平台孵化支持，就很有可能获得成功。IP是未来的无形资产，具备很便利的变现渠道、方式和场景。这就为普通小伙伴创造了一个通过打造IP走向成功的途径，提供了一个超出想象的未来。

第 3 章

原则三：

天下没有无用的人

　　老子曰："执大象，天下往。"老子最重视的，就是人的生活和行动要遵循自然之道。人在自然的环境中能释放出创造力，国家和社会才会繁荣。无论是治理天下还是管理企业，无论是治理社群还是管理个人生活，最重要的就是运用和激发每个人天然的内驱力和自发的上进心、自我成就的力量，努力通过满足别人的需求实现自己的目标。

　　很多小伙伴在初次带团队的时候存在一个认识误区，就是紧紧盯着事，而忽略了人。不少团队领导者抱怨团队成员不积极、不主动，能干的不好管，听话的不好用，其实这些现象都是刚刚带团队的人共同的误区。他们把工作的重心和关注点只放在项目的进度和交付上，没有把"人"这一关系项目成败的关键因素放在优先位置。

　　本章将着重探讨人的问题，这个问题就是团队的三原则支架中的第三个部分：洞察力。这里的洞察力是指对人性的了解和洞察，以及如何让不同品质、不同能力和不同价值观的人相处，并能够带领大家推动项目向前发展，以及如何通过实战不断提升自己识人用人的能力。

①1 没有理想团队，只有可用团队

要成为一个小领导，带一批追随自己的人，首先，你对成员的要求不能太理想化。价值观、态度和能力三个要素都具备自然是理想状态，但现实中既有能力又有态度，价值观还与你一致的团队成员很少，如果执着于以这样的标准挑选团队成员，可能永远无法启动项目。

其次，要去自己的中心化，不能只想到"我方便，我舒服"。这不是团队领导者该有的心态，这属于吃瓜群众心态。前几年很多机构邀请我给创业者讲课，我大部分时间都在讲自己的教训，讲其他小伙伴创业项目的时候只讲经验。因为对于想要做事的年轻人，一定要多讲他们的成绩，哪怕是很小的成功，这就叫正面激励。关于团队中的关系处理，最重要的就是不要挑大家的小毛病，更不要觉得团队成员都不行，就自己行。你很难找到各方面都行的人，就算有，人家也不一定愿意加入你的团队。

我经常听到创业者跟我抱怨，能力强、有经验的人才都去了大公司，愿意加入的大多能力不行，所以他手里是一手"烂牌"，导致没法做事。实际情况是，几乎所有的创业团队刚开始的成员都不是很理想，只有极少数有资本眷顾的项目团队才能招到理想型人才。

对大多数刚刚启动的项目来说，创业者不要想着一开始就能抓一手"好牌"。人才是在项目推进过程中随着项目的阶段性成功逐渐吸引来的。现实中更常见的情况是手里有什么牌，就打什么牌。

何况，摸到"好牌"的人或许因为做事不需要动脑，思考能力得不到训练，时间久了智商和情商都会下降。我建议大家先从"烂牌"打起，体现在带团队上就是做事不挑人，有什么人就用什么人，不幻想，不等待。有些人出生在罗马，过着令所有人羡慕的生活，但或许这正是他退步的开始，因为他没有机会发展出一种整合就近资源、凝聚就近人脉的能力。带人做事就是要升级认知，通过蓬勃的热情激发内在的能量，通过凝聚集体的智慧把平淡无奇的事情做好，这就是我们普通人应该习得的能力。

⓪② 德才兼需，德为先

带团队不要过于看重团队领导者和团队成员的硬实力。

对于团队领导者来说，硬实力并不是最重要的，最重要的是你有没有大家认可的品质。你召集大家一起发展事业，大家会问你"何德何能"带领我们，所以，"德"永远是带团队的第一条件。对于团队成员，团队领导者要懂得识人用人。识人用人，在细节处最能体现奥秘。

我给大家讲一个生活中很常见的场景：我们回家进单元门的时候，经常遇到几个人同时进来的情况，我一般会扶着门，方便大家进入。每个人的表现都不同，第一个人大大咧咧走进来，头也不回；第二个人进门后对我点了一下头，表示感谢；第三个人不仅回头，还把门扶住请我先进。如果从中选一个人加入你的团队，你会选择哪一个呢？

当然是最后一个，因为他能够换位思考。他心存感恩的同时，还能马上采取行动。第一个人不建议录用，因为他不懂感恩，甚至不懂尊重人。即便你帮助了他，他也认为是理所当然的，所以你没法和他建立一种相互尊重的关系，你做得再多他都认为是应该的。他还可能用他的一套理由去解读，心安理得地享受别人的善意。

这三类人就是我们通常说的无德无才、有德无才、有德有才的例子。第一个人属于无德无才的类型，心里根本没有别人。第二个人属于有德无才的类型，他能点头表示感谢，表示他懂得尊重人，但他没能立刻把感激转化为明显的行动，行动力不足。有德无才的人怎么用？培养使用。有德的人都要留在身边，德比才还难得。当今社会只想得到好处不想承担责任的人比较多，所以对有德无才的人一定要留下培养。这样的人可能能力欠缺一些，关键时刻顶不住，但我们宁愿依靠"猪队友"，也不能依靠"狐狸队友"。"狐狸队友"是没有道德感的，首鼠两端。他能在为你服务的同时也为隔壁老王服务，并且转移你的技术和资源。能力越强的人，我们越要看重他的德行。"猪队友"的能力是差一点，但他不会背叛你，不会在背后给你挖坑。

第三个人属于有德有才的类型，他走进来以后能帮你扶住门请你先进，这样的人能够马上换位思考。你为他创造方便，他反过来也能为你创造方便，这种人是团队中最值得重用的人才。

⑬ 有才无德，监督使用

前文讲到，对有德无才的人要培养使用，那么对于有才无德的"狐狸队友"要怎么用呢？"狐狸队友"路子广朋友多，这是他们的优点。在开拓局面的时候，一定要让"狐狸队友"走在前面。如果你觉得"狐狸队友"比自己还聪明，不敢用，那你就浪费了"狐狸队友"的才华。什么人都是可用的，尤其是在团队建立之初，能办成事的人一定要用。只是，要用，同时也要防，因为他们的人品可能靠不住。

对这类人要多监督少授权，免得他们动歪心思，才能不用在正道上。

大家都向往有行动力、效率高的团队，这样的团队组成一定是多元人才的搭配，而不是把同一种人聚到一起。有的团队领导者说我是"狼"，就喜欢狼一样的队友，那么，假如你的团队里都是"狼"，一旦捕获猎物，你们就得打起来。你们创收的时候可以合作，一旦收入多了就会陷入内耗，打得不可开交。所以，一个好的团队并不是按照团队领导者的喜好找跟自己一样的人形成的，而是多元人才的匹配和组合。

在人才多元化的团队里，每个人有各自不同的思想，但可以取得共识。团队成员可以保持不同的个性和思想，但在具体项目中一定要目标一致。团队达成共识后就能统一目标，进而一致行动。团队领导者不要天天想着换人，总幻想要是有哪位"大神"能加入我们就好了。实际上，即便换了人，也难保不会有新的问题出现。所以，从现实情况出发，团结人、激发人，团队才有未来。

④ 态度比能力更重要

"世界会给你以厚报，既有金钱也有荣誉，只要你具备这样一种品质：主动。什么是主动？主动就是不用别人告诉你，你就能出色地完成工作。次之，就是别人告诉了你一次，你就能去做。也就是说，把信送给加西亚。那些能够送信的人会得到很高的荣誉，但不一定总能得到相应的报偿。

"再次之，就是这样一些人，别人告诉了他们两次，他们才会去做。这些人不会得到荣誉，报偿也很微薄。再次之，就是有些人只在形势所迫时才能把事情做好，那么他们得到的只是冷漠而不是荣誉，报偿更是微不足道了。这种人是在磨洋工。最等而下之的就是这种人，即使有人追着他，告诉他怎么去做，并且盯着他做，他也不会把事情做好。这种人总是失业。"

——阿尔伯特·哈伯德《把信送给加西亚》
（ A Message to Garcia ）

选择团队成员最关键的是什么？我的经验是就看两个指标：一个叫态度，一个叫能力。其中，态度比能力更重要。再有能力的人，如果对你的项目不冷不热，持观望态度，有好处马上跳进来，有困难第一个退出去，那也无益于你的项目的推进。这种人是精致的利己主义者。他们有能力，但没有态度。态度背后折射的是什么？本质上还是对你或者你的项目是否认同。

很多人组建团队的时候到处找大咖，大咖不明确答复，只是说试一试。你满心欢喜把重要的工作交给他们，却没有收到回应，很多事就被这样彻底耽搁了。这样的人有能力没态度，不能主动积极地投入项目，最终把项目耽搁了，这个问题是很多团队领导者意料之外的。把事情交给能力强、名气大但对你和你的项目不够认同的人，还不如交给一个能力相对弱一些，但做事主动认真，对你和项目高度认同的人来做。

有态度但能力相对差一些的团队成员，可能没有那么多自信，也没有那么多经验，所以每个进展都要和你同步信息。同步信息的好处是如果出了问题，你可以及时发现，马上进行调整。如果你把事情交给有能力但没态度的团队成员来做，他往往不会主动跟你同步信息，他认为自己可以把控项目的风险和进度。这种情况下，一旦你发现问题，可能事情已经很难补救了。

团队领导者也不要总是抱怨自己的团队没有人才，你要知道愿意在你团队里工作的人是愿意跟你一起打拼的。他们对你和项目高度认同，积极热情地投入工作，这些人就是你的宝贵财富之一。

初创期的小团队，一定不要简单粗暴地把大公司的用人方法搬过来，不要用那种领导方法带领小团队。只要团队成员愿意跟你一起干，你就要好好地带领大家，在实际工作的过程中慢慢培养他们的能力，带着他们共同学习，共同成长。识人用人中最关键的，就是态度比能力更重要。

⑤ 包容能人，留用强人

你的身边可能有既有态度又有能力的人。但是，如果你对人才没有洞察力，不能慧眼识人，那么即便你的团队里有一个德才兼备的人，你可能都不会重用他，更不会珍惜他。

有德有才的人最看重的不是物质激励，而是尊重。历史上最典型的例子就是三顾茅庐的故事。诸葛亮就是在刘备拜访他三次之后，确认了刘备的诚意跟决心，才跟他谈合作。遇到有德有才、有态度有能力的人，一定要给他足够的尊重。但如果团队领导者没有眼界和心胸，即便你身边有这样的人，也可能会被你怠慢。你甚至可能把人家赶走，因为人家有才，有自己的看法，你容不下别人。

有德有才的人会为了团队利益提出中肯且真实的意见，但这样的意见可能是团队领导者不愿意接受的。他可能会指出你做得不对的地方，因为他有德、正直且真诚。首鼠两端的团队成员会指出你的问题吗？绝对不会。他会帮你掩盖缺点，会让你认为自己永远正确。这就需要团队领导者既要有识人的洞察力，又要有开阔的胸襟。

小到团队的失败，大到帝国的毁灭，很多领导者都是在识人用人上出了问题。有些人没有什么才干，但他为了在团队里生存练就了一种本事，就是特别会和团队领导者示好，让团队领导者把他当作心腹。这类人常常用对团队领导者的忠诚来换得他在团队里的生存空间。

大家都知道奥斯曼帝国灭亡了东罗马帝国，成为横跨欧亚非三大洲的超级帝国。这样的帝国最后毁灭在了什么人手里？它毁于皇帝最亲近的无德无才又充满野心的亲信之手。这些亲信为了获得自身的权力和地位，杀掉太子，为所欲为。

管理之道是相通的，不论一个团队，还是一个国家。追捧领导者的人很受领导者喜欢，但他们大多没有什么真本事。有能力的人反而倾向于和领导者保持一定的距离，因为他们更愿意用能力证明自己，不愿意拍马屁。很多领导者不喜欢这些人，但他们不知道的是，这些人才是团队中真正的骨干。

团队领导者对待不同类型的成员要持不同的态度，要清楚用什么样的沟通方法。团队领导者要做的就是把成员拧在一块，让大家往一起使劲。真正带团队的高手，不论给他什么样的成员，他都能带领大家获得好结果。

你看《西游记》中的取经队伍，也并非个个颜值高、能力强。孙悟空能力强，但他不听唐僧招呼；猪八戒听话，但他好色又懒惰，遇到美女就走不动了；沙僧总是挑个担子，别的事情干不好。然而，这并不妨碍师徒四人经历九九八十一难，最后取到了真经。

⑥ 心往一处想，劲往一处使

　　刚才我们讲到了团队成员的德和才，我认为在德和才的标准之上还有心这个维度，这是我们以前所忽略的。有些人不用心，有些人偏心，有些人没长心。有德又有才，但如果心不在这里，那么德和才都难以发挥作用。

　　我把心的维度分为四个层次：第一层，团队成员对团队要做的事高度认同，有迫切地想把这个项目做好的心愿；第二层，成员对团队要共同完成的项目大体认同，积极主动，但也有不同想法；第三层，项目不能激发成员的热情，没有调动他们的主动性；第四层，成员对项目持消极态度，这说明他们对项目基本上不认同。

　　不同的人对同一件事有不同的态度和想法，针对这四种不同层次的心，应对的方法当然也不一样。高度认同项目的人基本不需要被监督和管理，因为他认为这个项目是他打心眼儿里想做的事，他从中得到了乐趣和成就感。对这些成员来说，最好的管理方式就是他们的自我管理。

　　心的维度是可以转化的，被动可以变为主动，主动可以变为高度赞同与追随。我就职于天士力医药集团时经常组织团队培训，每次培训我会用两个小时讲心的问题。大家的心能不能想到一块？如果想不到一块，你们心里在想啥？你想的那些事能不能在我们共同的平台上实现？我主要就跟大家聊这些话题。

钻研人心去了解成员在想什么，这对小团队和核心团队来说尤其重要。团队领导者必须掌握成员的需求和心愿，实事求是地描述团队的现状和未来的机会。比如，我们的团队目前处于什么阶段？未来的出路在哪？大家愿不愿意通过努力一起收获未来的硕果？在了解成员的需求和心愿之后，团队领导者要想办法把成员个人成长与公司成长同步，帮助成员在团队的事业平台上达成自己的成就。

大家的心在一起了，下一步要关注成员的品德。在德的维度我也分了四个层次，分别对应四种不同的人，然后研究怎么去管理、引导、转化，而不是怎么去控制。

在德的维度，第一层就是德行好，通俗来讲就是人品好。人品好体现在什么地方？一是真诚，不是只说领导喜欢听的；二是善良，能为别人着想；三是主动，能为别人帮忙。第二层是自律，交办的工作不需要监督，能按照预定的计划做事，不给自己找借口。第三层是要靠他律，他律是什么？态度不错但自觉性不足，这类成员需要被监督和提醒。第四层涉及人性的阴暗面，看问题消极悲观的成员需要被监督和控制。对于第四层的人来说，一旦监督出现问题，他们就会钻空子，可能会损害团队利益。

孟子把不同的人格划分为四类：大人、人、小人、禽兽。按照这一标准，第四层次的人就可以被视为禽兽，什么事对他们有利，他们就去做什么。他们只想从团队捞些好处，关键时刻还可能背叛团队。团队中如果有这种人，要尽快让他们离开。

⑦ 实践检验才能

判断一个人的才能，一定要看他的实践能力、拿结果的能力，不能只看口头。有些人道理讲得不是那么通透，但能拿出成果，我们对这样的实干型人才千万要珍惜。那些理论讲得头头是道，说得好听的人，可能看起来非常有经验，但实践完全是另一回事。他们就算拿不到结果，也会搬出一套理由说服你。这种人应该慎用。

如何识别一个人的才能呢？"先项目制，后公司制""先开枪，后瞄准"，这都是特别好的经验。"先项目制，后公司制"就是先做个小项目，别一上来就要搞个大公司。我不建议大家一做什么事就先成立一个公司，因为在做事的过程中才能识别人，这不是拍胸脯拍出来的。"先开枪，后瞄准"就是要看他到底有没有真材实料。先通过做件小事评估他的行为，确保对他的定位准确。有些人根本不敢开枪，瞄了 3 个月，第一枪还没打出去，这种人基本上没什么真材实料。

很多人会遇到这种情况，组建团队做一个理论论证严密的项目，实际操作的时候却发现跟理论完全不一样。这是为什么呢？因为缺乏前期验证。在药品研发领域，全世界每年进入研究室供筛选的新分子达几百万个，为什么一年只能研发出十几种新药？尽管科学机理讲得通，但现实中差之毫厘，失之千里，一切都要在不确定中探索。

很多时候我们会把偶然当成必然，会把通过小样本总结出来的经验看成放之四海皆准的真理。做项目与做药是一个道理，实践才是检验真理的唯一标准。人永远只能在局限中得出一个相对正确的结论，而不是绝对的真理。很多事业的成功都是机缘巧合，不是必然。

在时代红利和行业风口来临的时候，总有一些人敢于承担风险，他们有机会得到命运的礼物。成功不是必然，一半靠个人努力，一半靠运气。一定要敬畏天道，敬畏不确定性。怎么敬畏呢？就是要不断尝试，而不是一直空想。项目制的方式可以让团队在没有严格的公司框架束缚的情况下，轻资产、小范围试错，用较小的代价获得宝贵的数据和经验。

在识别团队成员才能的维度上，我也将其分为四个层次：第一层是成员个人能力很强；第二层是成员的个人能力不是很强，但能够主动并自主完成工作；第三层是成员需要有人和他配合才能完成工作；第四层是成员的个人能力差，是整个团队的瓶颈。

能力差的人通常有个特点，就是不愿意和大家同步信息，没有高效工作的习惯，不懂得如何高效沟通和协作。这里的能力包含专业技能、社交能力、沟通能力等综合工作能力。

⑧ 综合人才的四个层次

　　除了从心、德、才三个维度识别人才，我还总结了
ABCD 四类人才梯次（见图 3-1），帮助大家识别人才。A 类
人才心里有火，眼里有光，认同团队领导者，认同团队事业，
人品不错，能力很强。心里有火就是有一种无须点燃自发存
在的热情，充满朝气和活力。A 类人才极为难得，他们能够抓
细节、抓执行，从宏观战略到战术细节完全了然于胸，这种
人能做首席执行官。

	心	德	才
A 类人才	态度佳	人品好	能力佳
B 类人才	积极	自律	自主
C 类人才	被动	他律	需要合作
D 类人才	消极	监督	团队瓶颈

图 3-1 ABCD 四类人才梯次

　　他们能够自行评估工作的优先级，把自己的工作完成后
还能协同其他成员完成工作，追求自我学习和进步，并以此
帮助团队领导者带领团队。A 类人才一经发现一定要坚决留
住。有这样的人做合伙人或者团队成员，是团队领导者的一
大幸事。怎么找到这样的人呢？那必然是靠领导者的德行，

只有德行能够感召和吸引 A 类人才。A 类人才往往不是由学历、背景、财富塑造的，而是由学习能力与行动能力成就的。拥有庞大资产的人最需要的就是 A 类人才，他们需要这类人才帮助他们盘活资产，创造新的价值。

B 类人才是比较常见的，他们能够主动完成分配的任务，不需要别人操心。他们也不回避自己的问题，出现问题以后能够主动积极地沟通和学习，寻求解决办法。如果一个人能够主动学习，我们就可以将其留用。他们可能当下的能力不足，但未来可能是潜力股。对于愿意主动学习的人，团队领导者一定要给予更多关注，因为他们可能是未来之星。B 类人才和 A 类人才的差距在哪里？差距就是 B 类人才还不能完全独当一面。

A 类人才自身就是发动机，是燃烧的火焰，能够带领团队攻城略地，能够拿出业绩，他们是能够独当一面的。B 类人才还差一点，如果团队领导为其制订工作计划，交代得比较准确，做好协同工作，他们就能给出一个非常漂亮的结果。B 类人才需要一个明确的指令，任务不能太含糊。

C 类人才是被动的，是需要他律的。这类人不乏名校毕业生，他们的简历通常很好看，但动手能力很弱。会读书的人真不一定会做事，会做事的人也不一定会读书。很多人拿着好看的简历应聘大公司，在大公司获得漂亮的履历后通过跳槽谋取利益。C 类人才容易利用自身优势谋求利益，讲得多做得少，喜欢点评别人，自己却拿不出结果。

公司里的"老油条"很多就是 C 类人才，他们眼高手低，靠跳槽和混履历来获取利益，是精致的利己主义者。他们还特别喜欢讨价还价，欲望不稳定，拿出的结果也不稳定，更不愿意做额外的工作。他们的工作态度是被动的，不喜欢学习新东西，不少人是公司里激起内卷的那批人。

最差的是 D 类人才，这种人很难独立完成工作，需要团队帮助。他们坚决不做额外工作，坚决不学新东西，发现问题就抱怨，经常吐槽公司，吐槽队友，吐槽同事。所谓"推三下动两下"还补一句牢骚，说的就是他们。他们就是"躺平"[①]一族，没有主动工作的动力，需要被监督和控制。

无论哪一个梯次的人才，没有朝气和上进心，没有好奇心和学习的动力，到哪里都不会受欢迎，混吃等死就是一种自我放弃和自我淘汰。团队中这样的人往往成事不足，败事有余。那些提前做好准备的人，常常能获得机会的眷顾。如果你从来都没做过准备，没有为自己的未来播种，没有创造一个良好的人际关系和多元人才聚集的环境，机会来了你也抓不住。

我们都强调人人平等，但是人类本质上是不平等的。别人在为未来做准备的时候，你不努力，你们的未来怎么可能平等呢？人与人的差距是过去 5 年甚至 10 年的不同选择导致的。所以，人人都要提前做好准备，为自己的未来播种。

---

① 躺平，网络流行词，指无论对方做出什么反应，他们内心都毫无波澜，不会有任何反应或者反抗，表示顺从心理。在部分语境中意思为，一个人不再热血沸腾、渴求成功了。——编者注

刚才讲的人才分类是非常接地气的，它并不是理论层面的区分。必须说明一点，我并非针对大公司，而是说普通人要带领一帮人做事，怎么把人识别好，怎么把人团结好，怎么把不同的人放在各自合适的位置，怎么把事做好。不合适的人坚决不能让他留在团队，要快刀斩乱麻，不能优柔寡断，也不能感情用事，否则会坏团队的大事。团队领导者要敢于把这些人从队伍里面移出去，"混如天使，序如魔鬼"。

什么叫"混如天使"？这就是说当带领一批人做事的时候，团队领导者一定不要以自我为中心，不要自以为是。尤其在团队建立初期，正在形成共同目标和核心理念的时候，团队领导者一定不能当"霸道总裁"。不要把自己放在金字塔的塔尖，让大家只听你的，否则你就会犯大错误。这个时候团队领导者要像天使一样，让每个人充分表达想法和意见，把心里的话说出来，实现真实诚恳的交流。什么叫"序如魔鬼"？这就是说当成员不适合继续留在团队的时候，一定要坚决把他们移出去。

识别不同类型的人才，最好的方式不是使用工具测评而是用具体的行动。应该让他们迅速开展工作，因为在实干中才能看出人的真正态度和能力。世界上最厉害的武器就是真诚，在融合团队的时候团队领导者一定要真诚，在完成任务的过程中"先开枪后瞄准"，先通过做一件小事锻炼团队，增加对团队成员的认识和了解。

搞一次活动，做一次小项目，就能把团队成员大概识别清楚。谁是心里有火的人？谁是眼里有光的人？谁是只要把任务安排清楚，就能不折不扣完成的人？谁是首鼠两端，重的不干轻的不屑、在背后抱怨的人？是谁在制造矛盾？又是谁在打小报告？谁是 A 类的"千里马"？谁是 B 类的"老黄牛"？谁是 C 类的"小狐狸"？谁是 D 类的"猪队友"？当然我不是主张贴标签，而是说团队领导者得心中有数。

混序部落里之所以以项目制运作的团队多，以公司制运作的团队少，就是要通过轻资产的项目制识别人，识别人心。那什么时候有必要成立公司？团队融合到一定程度，至少磨合半年以上，在重大战略问题上高度一致，此时就可以成立公司了。解决了心往一处想的问题，后面遇到的困难就能迎刃而解。只要心往一处想，人就能够忍受一切困难。尼采曾说过："当你知道为什么而活，你就可以忍受任何一种生活。"境是可以随着心转化的。

⑨ 识才有明，聚才有道

最核心的竞争就是人才的竞争，人才竞争的背后就是如何识别、吸引、关照、激发人才的机制，这就是世界竞争的本质。日本有什么资源？以色列有什么资源？很多获得诺贝尔奖的新发明、新技术都来自这些弹丸之地，究其原因，背后都是人才的竞争。人才对国家来说是核心，对小团队来说也是核心。人才的能力和专业是不同的，我们要将其放在不同的位置和层次上考察使用，一定不要错配。

我做天士力制药首席执行官多年，其间培养了上千位项目经理。在遇到一出问题就抱怨下属的项目经理时，我通常会问他当时是怎么选下属的。把问题推给下属，其实是对自己识人用人眼光和智慧的否定。作为团队领导，看问题要有一定的高度，多找自己的问题，少让下属"背锅"。

不同认知水平、心智、修养、品德和能力的人组成项目团队，本身就是对团队领导者的巨大考验。团队领导者要用现代价值观来团结大家：互相平等、互相尊重、互相理解，还要互相妥协。团队领导者和团队成员之间是平等的关系，团队领导者的领导力来源于团队成员的认同，认同来源于尊重。现代团队不是传统的家长制、层级制组织，关系中最核心的就是要相互尊重、平等协作、合作共赢。

要做到"识才有明"，最关键的是要破心中"执"。"执"就是我们生活和工作中对人形成的标签化的概念。我经常听到有企业家抱怨下属没有悟性，我会提出一个问题：你平时跟下属沟通工作任务的时候说几句话？很多人的回答是：就说一句话，让他们做就是了。其实个中症结不在下属，很有可能是这位领导缺乏教练能力。他可能希望下属对他的指令立即心领神会，悟出他的言外之意。这种天资聪慧的下属在日常工作中是很少见的，大部分优秀下属是需要准确而清晰的工作说明的。他们不仅需要知道做什么，还需要知道为什么做和怎么做。这类领导对人才标准的偏执和指令的简单化，浪费了很多有潜力的人才资源。因此，对人才和下属无识才之明就是一种损失。

当然作为团队领导者，辨别人才的能力也是在实践中练就且不断提高的，并非天生的。很多创始人会提到，他最大的懊悔不是错失了某个项目或者机会，而是错过了某些人才。这种经历对于提高"识才之明"也是必要的，因为相对于对人才的识别，聚才之道需要一定的天赋。天生豪爽大气的人身边自然会聚拢一群人，自私和猜疑心很重的人连合群都很难，更别提聚集能人志士了。万事万物都会随环境和境遇而改变，同理，在遇到一些挫折和失败后，一些团队领导者会反思自己的理念和为人处世的方式，慢慢地从自私的深井里跳出来，主动为他人着想，因此也能够形成凝聚人的魅力。与其说"聚人之道"是一种能力和技巧，不如说是一种个人的自我提升和修行。

我长期推行企业项目化管理，每年都要对几百个候选人能否胜任项目经理做出评估。在混序部落培训创业者期间，我每年会接触成千上万个有志于成就事业的人，也帮助调解过上千个团队的内部管理矛盾。我据此提炼出了一些识人用人的经验。

第一，对遇到一点小事就抱怨的人不能委以重任，因为他们缺乏全局观。

第二，对不揽权、不争功、不推责的人，可以安排在身边进行观察培养。这类人本性很好，但缺乏进取精神，在适当的情况下要给他们提供机会。

第三，大家在集体中愿意跟随的人，可以独当一面。因为这样的人有很好的群众基础，又与上级有良好的信任关系，千万不能因为员工都喜欢他们而心生嫉妒，排挤他们。

第四，服从性、协调性、执行力好的员工，要多给他们提供培训机会，最好能够带在身边亲自培养。

第五，要警惕那些经常当众赞美你的人，珍惜私下给你意见的人。当众赞美可能另有所图，私下给意见的人才是真诚的人。

第六，不懂拒绝的人是不善应酬的人，不能过多把沟通和协调的工作交给他们。

第七，性格外向，凡事不会想太多的人，心里不会藏事，也不复杂，可以委托紧急和不重要的事给他们，也可以根据实际情况在项目中对其进行历练。

第八，说话少的人不一定简单，也可能很复杂，对此不能靠想当然，而要通过实战判断他们是否有真正的能力。

第九，说话太快、不经思考就直接表达的人不够有城府，而嘴巴太甜的员工不宜有工作以外的深度交流。讲话太快的人可能是个"小喇叭"，嘴巴太甜的人可能很功利，都需要在实践中多观察，才能决定是否信任他们。

第十，不喜欢麻烦别人的人也不喜欢被别人麻烦，这样的人比较独立自主，他们不喜欢过多的指挥和命令，因此，可以给他们一些有挑战性的工作，激发他们战胜困难获得成就感。

⑩ 学会当伯乐

"千里马常有，而伯乐不常有。"要带好团队，识人用人是基本功。关于怎样用好人才，我提炼了十项能力：第一，爱才之心；第二，识才之眼；第三，聚才之力；第四，用才之道；第五，励才之术；第六，容才之量；第七，知才之明；第八，护才之胆；第九，育才之实；第十，荐才之德。

爱才之心，人皆有之，这里对此不具体展开。识才之眼需要一定的经验和阅历才能拥有，伯乐能识千里马，也是经历了一个过程的。在项目实践中最容易识别领军人物。聚才之力就是能够把人才团结起来的力量，你得有号召力、吸引力、领导力。用才之道就是根据人才自身的优势，取其长，避其短。

励才之术就是招到了人才，怎么激励他。要激活他的创造力以及开拓创新的能力，让他们的才能施展出来。有些团队领导者嫉贤妒能，人才有什么功夫都施展不出来。机会对每个人都很公平，在2000—2010年中国经济高速发展的黄金十年，机会就像阳光普照大地一样洒在每个人头上，有些人顺势而上，而有些人被晒蔫了。很多企业家正是在核心的人才问题上犯了大错误。

　　容才之量就是对人才的宽容和包容。人才最看重的不一定是钱，而是展示自己能力的机会。团队领导者要提供一个平台让他的能力开花结果，因为人才要的是成就感。团队领导者要敢于把聚光灯照向人才，而不是照向自己，要把舞台中心交给人才，让其尽情施展。这叫容才之量，也是用才之道。

　　知才之明就是对人才的洞察力，团队领导者的认知限定了自己识才的范围和层次，有的人，即便人才就在身边，也识别不出来。护才之胆就是团队领导者在关键时刻要挺身而出维护人才。

　　育才之实就是要敢带徒弟敢教手艺，要有不断培养二代、三代的准备。一朵花开不是春，一个人强不是真的强，大家都懂这个道理，但实践中很容易忘记。团队领导者必须要提前做好育才的工作，在这方面要向大师们学习。古希腊苏格拉底、柏拉图、亚里士多德，师徒三人一个比一个厉害。至今还有人认为"教会徒弟饿死师傅"，实则不然。教会徒弟，师傅的主业就会升级，就有时间和精力关注新的机会了，所以思维要打开。

　　最后是荐才之德，推荐人才是积德的事儿，给别人推荐人才，别人以后也会给你推荐，这样你才可能发现和吸引更多人才。

时代的机遇对人人都是敞开的。大家都在开船下海，有些船开着开着就漏水了，有些船开着开着就翻了，是船出了问题吗？依我看，还是船长的问题。船长没能很好地识人、用人、凝聚人。钱的后面是事，事成则财进；事的后面是人，人做好则事好成；人的后面是道，道法自然道法人心；中兴之道贵在用心，成在用人。对于领导者来说，爱惜人才就要像爱惜自己的眼睛一样，人才是最宝贵的资产。

下 篇

带团队的
十项修炼

第 4 章

修炼一：
先混人，后序事

　　独立的个体赖以生存的基础有两个：一是社会关系，二是个人能力。要通过主动连接获取社会关系，通过主动做事提升自身能力。在解决生存问题之后，决定你的人生成就的关键因素就是认知和思想。

　　创业的第一件事是创造客户，而不是创造产品。根据客户的需求创造出的产品才有真正的市场价值。创造客户，就要先混人。混人是人与生俱来的一种能力，人是社会性动物，越混越能混出机会。

　　小团队的管理本质上就是人与人之间的关系管理，孔子"仁"的核心就是感受他人的存在，主动成就他人。"仁"讲的就是"我"与"他人"的关系。新的时代要求人与人之间是一种平等、互相尊重、求同存异、更重视人性化和个性化的关系。团队领导者更多要扮演管理者、发动者、连接者、牵引者、整合者、催化者的角色，只有这样才能引领成员通过合作和彼此贡献，在创造价值的同时创造自己的生活。

　　人的一生总在不停地寻求自我改变、自我突破，从而实现心中的愿望。前几年流行一个概念叫"斜杠青年"，意思是在主业之外寻找新的兴趣爱好和事业机会。很多人通过兼职增加收入，还有一部分人则是因为不甘心，不断尝试新的机会，寻找属于自己的风口。

　　未来的商业模式将基于人与人之间的直接联系。现在的商业逻辑已经有了改变，甚至发生了一些本质的变化。以前，工业产品和商业产品都是从物出发，先有产品，之后再到达人，也就是消费者，而从最近几年快速成长的移动互联企业来看，产品都是从人出发，而不是从物出发。无论是抖音所属的字节跳动还是 B 站，都是先有了一群人，从这群人的连接和创意里产生出物，这些物成为项目后再发展成大家共同的事业。未来的商业模式最核心的是关注人、发展人、挖掘人，激发人、触变人、升级人。做到"先混人"以后，产出物就是一种必然结果。

　　本章作为带团队的十项修炼中的第一项修炼，将聚焦带团队的核心本领：关系管理。就像马克思所说的"生产关系决定生产力"，一个能够创造突出成绩、实现卓越目标的优秀团队，必须具有强大的凝聚力、高度和谐的内部氛围以及充满拼搏精神的文化。作为团队领导者，"先混人，后序事"就是你要面对的第一个挑战。

① 社会关系的"破"与"立"

　　每个人心中都有一些初始愿望，尤其是孩子。人们小时候的愿望会很大，随着成长愿望不断变小，经历过社会的"毒打"以后，愿望就缩成一个小点，甚至小点都不存在。这种情况下，人们应对正常的生活并不难，但免不了陷入空虚。所以那一点小愿望是支撑人内在精神的根本，一旦丢了人就漂浮起来了，做什么事都是为了生活，精神世界空虚而漂泊。

　　成功了又有什么意义呢？人活着又是为了什么呢？每个人在成长的过程中都免不了会有这样的困惑。人们在融入社会的同时卸掉一部分自我，迎合和改变，这就是社会对人的巨大改变。

　　对许多自由职业者和创业者来说，跳出原来的身份和角色进入新的领域，面临的最大挑战就是适应新的社会关系。在面对和处理形形色色的关系时，如果我们因为掌握不好度，导致熟悉的人变得陌生，陌生人之间反而形成了信任关系，那么你会觉得失落、迷茫和无助，对自己的固有认知也会产生一些怀疑。

　　最近也出现了一些新的网络热议话题，比如内卷和躺平。很多人不想内卷就选择躺平，无论是内卷还是躺平，其实都是对社会关系的一种无奈之举。内卷是人与人之间高强度的竞争。很多人明知这种竞争有时毫无意义，但为了生存不得不参与其中。

家长群体中的"鸡娃"① 现象其实也是一种内卷。家长们把孩子送到各种补习班，把孩子逼成了像机器人一样没有生命力和创造力的学习工具，这样做会导致一些隐性后果。很多补习任务是家长们出于功利目的强加给孩子的，因此，学习给孩子们带来的更多是痛苦的记忆。如此一来，这些孩子长大后可能会出现一些心理问题，比如，无意义感、无目标感现象的出现，"空心病"的广泛存在，甚至因此不想结婚生子。这些现象并不是经济条件造成的。大家通常更关注物质条件，较少关注关系的扭曲衍生的心理问题。

我专业从事社会学研究，看问题容易关注背后映射的广泛的社会心理问题，尤其是这些问题给下一代造成的伤害以及其他巨大影响。

近几十年来，我国在快速强大和富裕的道路上狂奔，物质世界迅速崛起的同时无暇顾及心灵世界。与西方相比，中国走向强大的时间太短。我们引以为傲的"花了 20 年时间，走过了西方 100 年的道路"，确实给我们带来了物质世界的极大丰富，但有所得就有所失，我们把用 100 年时间逐步成长和适应的心理过程压缩到了 20 年，这意味着会有一代人来承受这种快速的改变带来的心理失衡和创伤。

---

① 鸡娃，网络流行词，指的是父母为了孩子能好好读书、考出好成绩，不断给孩子安排学习和活动，让孩子辛苦拼搏的行为。——编者注

　　现在我们已经可以看到一些现象，比如儿童抑郁、青少年之间无理由的相互伤害、高校学生中的"空心病"等，这些都是埋藏在中国家庭中的定时炸弹。孩子的问题很多来源于家长，而家长又在无形中受到社会文化、环境和风气的影响。

　　这对于从 20 世纪过来的成年人来说又是一个考验。我们除了要处理好自身和周围的关系，还要处理好自身和下一代的关系，同时还要帮助下一代处理好他们与周围的关系，责任重大。所以我们这一代人要用 20 年时间达成其他国家 100 年才实现的心理成长，得随时随地补充知识，提升认知。

⑫ 管理的对象是人与人之间的关系

　　很多小伙伴想创业、想赚钱、想快速变现。要做到这些，前提就是要处理好社会关系，尤其要处理好和陌生人之间的合作关系。在当今社会，我们仅靠踏实肯干、刻苦钻研是肯定不够的，还要理清和处理好身边的各种关系。

　　《易经》中讲道："利者，义之和也。"这给大家提出了一个新问题，为什么很多迫切想变现的人最后不是上当受骗就是举步维艰？他们是否遵循了古人讲的"道"呢？现在的有些人太现实、太势利了，其表现就是建立在利益之上的虚假关系，这又走向了另一个极端。

对于带团队来说，无论是领导还是管理，组织还是协调，本质是能够处理好与团队成员间的关系，与客户及供应商的关系，成员与成员之间的关系，等等。团队领导者对关系的把握决定了团队的成败。

什么是人与人之间关系的本质呢？要研究关系的本质还得探究事物的本源和相互作用的规律。古希腊思想家从一开始就追究世界的本源是什么，世界是由什么构成的。中国不追究这个问题。中国人讲阴阳，却从来不说明到底是阴还是阳，这归到本源就是太极。

那太极又是什么呢？太极就是事物没有区分的混沌状态，无法被定义。混序部落的混就是混沌的混。混沌是什么状态呢？它是一种无法被区分的状态。你没法定义它。中国古代先哲们认为世界的本源是混沌，是太极。

其实中国的传统思想从来不去追究世界的本源。我们有"道"，但是"道"并不是世界的本源，而是世间万物运行背后的规律。它是一种看不见摸不着但又普遍存在的底层逻辑，有时候我们会把它模糊地称为命运。

如前所述，中国人讲阴阳，但从来不讲阳是什么，阴是什么，阳里面是什么，是由什么构成的。我们不会剖开来讲。大家在《易经》里看到的两仪、四象、八卦，其实全部是讲关系和变化：阴和阳怎么转化；乾和坤怎么转化；黑和白怎么转化；虚和实怎么转化。正如"孤阴则不生，独阳则不长"

（出自《幼学琼林·夫妇》）。中华文明的核心其实就是讲相互转化的关系。

这种关系体现在人与人之间，体现在组织之中，就是我们需要管理的对象。有人说管理就是管人理事，这只是表象，管理的本质和对象是关系。关系即团队运转和成长的要害，也是领导者、发动者与追随者之间的桥梁。在社会生活中，人情、交易、信任和承诺的关系并不是单一和固定不变的。

我们追溯到古代典籍，就是要看看中国人是如何理解这个世界，如何与这个世界相处的。从《易经》《道德经》中形成的在变化中把握关系的观念，又带给我们什么样的启示呢？那就是变化和转化，变就是关系的主要特征。我们要把握好关系，首先要把变化这个量放进去。

⑬ 关系是双向变化的

很多人一直在寻求一种稳固不变的关系，还有人会因为关系的变化感到失落，这一点体现在团队中就是为人才的流失感到失落、为合伙人的背叛感到愤怒等。我们的祖先在认识世界的过程中就明白了变化是所有关系的基本特征，树立这个理念就会减少很多烦恼。

背叛也好，欺骗也好，不守信用也好，都属于关系变化的一种情形，只不过很多人没有把这类变化纳入考虑范围，因为大家往往只接受好的变化。这个认知显然是片面的。痛苦是变化带来的吗？变化是双向的，可以向阳的方向转变，也可以向阴的方向转变；可以朝实的方向转变，也可以朝虚的方向转变；可以往好的方向转变，也可以往坏的方向转变。为什么在你的认知里，变化只包含好的一面而不包含坏的一面呢？或许有人认为所有的不幸是变化引起的，但我认为不是。这只能说明你对变化的认知不全面，只触及其一。

大家之所以会感到脆弱和痛苦，就是由于对关系变化的两个相反的维度缺乏全面认知和心理准备。为什么有些人生存能力强，抗打击能力强？我认为这不一定是因为他们本身能力强，而是他们对可能产生的两种变化方向都做了充足的心理准备。

关系管理中的第一条就是要认识到关系处在不停的运动和变化之中，并非永恒不变。很多人通常会预先做出一种自我设计，有意无意忽视变化的双向性和永恒性。从长远来看，关系发展的两种相反方向的比例是 1∶1，这有点像掷硬币，两面各有 50% 的概率，所以我们在处理关系的时候要"一颗红心，两手准备"。

在正式组织中工作过的小伙伴可能都有这样的体验，工作本身并不复杂，人际关系太复杂，这让很多初入职场的年轻人望而却步，选择了"事不关己，高高挂起"。这种对于组织内部人际关系的逃避和本能的抵触是人群中的普遍现象，尤其对于刚刚参加工作的人来说，"社会人"好像是贬义词。但对于走过职场之路的人来说，"懂社会"成了他们的竞争优势。

对于长期带团队和管理公司的人来说，这是一个管理关系的双向变化问题。这就意味着，既要坚信人性的善良，也要预防人性之恶。职场中没有绝对的坏人，也没有绝对的好人，上下级关系、同事关系的一切走向都是由权力和利益的分配决定的。及早地洞察这一点，有助于团队成员更主动积极地建立和维护关系，清晰自己的定位，减少不必要的抱怨，营造有助于自身成长和被发现赏识的机会。

⑭ 缺乏维护的关系是脆弱的

万物的变化遵循从量变到质变的规律。大家常常对质变感受强烈，却对量变放松警惕。恰恰是容易让人放松警惕的量变，才是关系管理中最应该被重视的。古人对此深有体会，比如我们常说的"合抱之木，生于毫末；九层之台，起于垒土；千里之行，始于足下"（出自《老子·德经·第六十四章》），"不积跬步，无以至千里；不积小流，无以成江海"（出自《荀子·劝学篇》）。应该主动把人际关系纳入管理范畴，把关系维护变成日常习惯。

很多人在处理关系的过程中还容易犯一个毛病，即一旦建立一种关系后，就缺乏对关系的维护。缺乏维护的关系很有可能会朝着相反的方向发展，这就需要对关系进行主动管理。团队中的关系管理关乎项目的成败。良好的团队关系是互相促进，共同演进，彼此成就的。

团队领导者对团队成员的困难漠不关心，对团队成员的意见也没有及时沟通和解释，这种关系就很危险，最终可能连信任都丧失了，更别提心往一处想、劲往一处使了。大家不太愿意维护关系，都想偷懒，那关系就会反过来处罚你。

我们也看到，有些人的同事关系、朋友关系、合作关系、师生关系、闺蜜关系能在很长一段时间内保持稳定。不妨去看看他们是怎么做的。他们绝对经常维护关系，而且是互相珍惜、互相维护。关系是可以通过维护转变的，绝对不能听天由命。

职场中很多人对于维护人际关系感到疲倦甚至厌恶，对此我们不难理解，因为维护人际关系有时会损失自己的利益和尊严，在还不能立即有收获的情况下主动这样投入也有一定风险。更多人是碍于面子而为之，也有一些人是出于信任。但是对于理性人来说，这些都不是问题，因为社会上处处都是这样的关系网，每个人都存在于某几个关系的局域网中。处理不好一个网络的关系，就有可能处理不好其他的网络关系，人就最终走向一种自我孤立。

对于不追求上进的人来说，这种孤岛一样的工作和生活关系是可以接受的，但对于想做事的人来说，就行不通了。无论是团队领导者、产品经理还是公司的管理层，他们最重要的业务就是维护和管理各种关系。我们可以把这种关系看作春耕秋收，要早早播下良好关系的种子，并且坚持日常的"浇水""锄草""施肥"等工作，到了收获的季节就会取得丰硕的成果。作为长期主义者，维护良好的关系是我们投资收益最大的事业基础。

⑤ 先管好"我"这个变量

人学会开发自己，就能富足；学会管理自己，就能成为自己的主人；学会放低自己，就是王者；学会忘记自己，就是圣人。

自我提升和自我修养是关系管理的前提。很多事情其实都是自己对自己的挑战。曾国藩说过："有才华的人都是因为自己的骄傲而失败，没有才华的人都是因为自己的懒惰而堕落。"懒惰很奇怪，它让你以为那是安逸、休息、福气，但最终给你带来的是无聊、倦怠、消沉。人世间莫不怕一个"懒"字，它剥夺你对前途的希望，隔断你和他人之间的友情，使你的心胸日渐狭窄，对人生也越来越怀疑。这个世界上除了贫穷和衰老毫不费力，其他任何你想得到的，都要通过自己的不懈努力去争取。

若无巨大屈辱之推动、无比欲望之牵引、无数同类之竞拼、强大对手之压迫，人总是向堕落的方向渐进的。就如同德国物理学家鲁道夫·克劳修斯创造的"熵"的概念，他说："有序会自发向无序转变，直到熵不能再增加为止。干净的房间布满灰尘，寺庙慢慢破败，人类随着年龄的增长骨骼慢慢变得脆弱，恒星最终会燃烧殆尽，一切都从有序不可逆地过渡到无序。正是这种运动推动着世界的运转。"混序理论强调人类所建立的一切秩序，包括内心世界的秩序，如果没有外部的给养和自由的交换，一定会朝着无序和衰败的方向发展。

每个人都需要一根自我鞭策的"皮鞭"，我们既需要让我们仰视的榜样，又需要让我们敬畏的对手。一个人不在心里主动种满鲜花，心里就会长满杂草。要么忙着渐好、渐强、渐智、渐渐习惯成功，要么忙着渐弱、渐懒、渐衰、渐败、渐渐适应平凡。人一直在流动，人就是"渐"的堆积。

在关系的处理中最重要的变量是"我"，然而我们常常忽略自身的改变。我们都要求对方不变，但如果你改变了，别人怎么会不变呢？在关系中，变化也可以为我所用，方法就是激发。

你想激发对方给你一个正向反馈，最好的方式就是先激发自己。我们都想改变对方，这个出发点就是错误的。大部分人是根据对方的行为产生反应的，如果你要去改变一个人，就会激发他对你的抵抗。他成了你的客体，成了被你改变的对象。谁都不愿意被改变，成为被别人改变的对象，所以，最好的方式是做好你自己。

在关系中你主动维护，主动关心对方，对方也会从你的改变中调整自己。因此，要主动改变自己，不要被动等待。等是有依赖性和盲目性的，这个世界上没有等来的幸福，只有等来的遗憾。好的关系需要你主动改变、调整自己，在关系中化被动为主动，以此带动对方的转变。

一般来说，如果对方是一个有良心有底线的人，你的主动改变就能够收获良好的关系。但如果对方是个彻底的"渣男"①，那你需要考虑的不是改变与否，而是尽快彻底结束这种关系。如果对方没有良知，你的主动改变不会带来任何正面回应，所以，你要主动迅速结束这种关系。

⑥ 近"大人"，远"禽兽"

刘慈欣说，对所有生命来说，弱小和无知并非生存的障碍，傲慢才是。在进化史中，很多庞然大物都消失了，只有化石证明它们存在过。很多小生物活了下来，因为它们主动

① 渣男，通常指对感情不认真、玩弄对方感情（尤指恋情）的一类男性。——编者注

求新求变、抱团组合、顺应周遭的变化。

人人皆有私心，都有要维护自身利益的一面，但是有私心也要有良知，要对得起自己的内心。出世安顿内心，入世方可立命。人性是善恶的混合体，是动物性、社会性、精神性的混合体。每个人内心既住着善良的小天使，又住着充满动物性的小禽兽。很多人内在的小禽兽打败了小天使，变成了自己讨厌的人。

激发人的善意和潜能，就是要不断挑战自己，压制内在的小禽兽，释放小天使。无论如何，我们不要忘了人具有高贵的精神，精神世界是自己唯一可以自由把握的地方。人由肉体的人和精神的人组合而成，无论肉体在物质世界承受了什么，都应保持灵魂的高贵。用精神驾驭肉体，就是成年人该有的认知。

小团队也是一个小社会，其中的人有着不同的层次和不同的认知境界，他们的人格与人性差异巨大，所以我们应该区别对待君子和小人。孔子把人分为两类：君子和小人。我觉得有点过于简单。孟子讲了人的四个层次：禽兽、小人、大人、大丈夫。在《中国哲学简史》中，冯友兰先生把人分为三个境界：一是原始境界，人在没有觉悟的情况下为生存而生活；二是道德境界，这种境界的人具备了家庭责任感、社会责任感和普遍的道德感；三是天地境界，他们超越了世俗，获得了出世的智慧，活在天地间。

孟子曰："杨氏为我，是无君也；墨氏兼爱，是无父也。

无父无君，是禽兽也。"（出自《孟子·滕文公下》）孟子的批判从现在来看有着他的时代局限，他把禽兽与人并列，提出了一种人的层次。

孟子推崇大人，孟子曰："大人者，不失其赤子之心者也。""大人者，言不必信，行不必果，惟义所在。"（出自《孟子·离娄下》）孟子认为大人具有赤子之心，像孩子一般纯洁无瑕。他们智慧通达，说话做事遵循道义，端正自己来影响世界，是德行高尚、志趣高洁、追求高远的人。

"从其大体为大人，从其小体为小人。"（出自《孟子·告子上》）大体是良心本心，小体是声色欲望。大人是识大体而立心的人，他们注重养心，能够独立思考，有自己的价值判断。小人不愿思考，被动接受外界信息，一旦外界有风吹草动的诱惑就会跟着跑偏，他们注重吃喝玩乐，满足口鼻耳目欲望，而"富贵不能淫，贫贱不能移，威武不能屈，此之谓大丈夫"（出自《孟子·滕文公下》）。

庄子给天道以伟大，孟子给人道以尊严。在孟子提到的人的层次里，最低的人格层次是禽兽。借用孟子的四个人格层次我们与现代社会做个对应，我认为禽兽就是那些没有良知、自私自利的人，他们不顾及他人的感受和利益，专门损人利己。

比禽兽好一点的是小人，他们良知未泯，但也非常自私自利。在大部分情况下他们只考虑自身利益，还让人无条件地服从。在与他人的关系中不管出现任何问题，他们都会指责对方，从不检讨和反思自己，当然也不做更出格的事儿。我们身边可能就有很多这样的人，如果遇到禽兽和小人，要立刻和禽兽断绝关系，可以试着和小人交往一下，看有无合作的可能。有救的话就维持一下，如果不能救最好也不要和这类人维持关系，因为太累了。

在小人之上的层次叫大人，这类人自律而且有志向，不给别人添麻烦。他们和人相处时会在平等友好的范围内追求自身利益，利人利己，不会为了自己的利益损害别人的利益。当今社会，大部分人在小人和大人之间徘徊，这就需要我们付出一些时间和耐心，花费一些心血，多一些包容，忍受一些委屈。

小人有着强烈的以自我为中心的观念，他们有攻击性，因为他们要掩盖自私和虚伪的本质，对人有欺骗性。如果你交往的对象在大人和小人之间，我觉得可以给他一些机会，毕竟"近朱者赤，近墨者黑"。不妨让他少接触那些黑暗的阴谋论的东西。

大丈夫是孟子观念中最高级别的人格形象，这种人不管对方善与不善，他都保持善心；不管对方好与不好，他自己要做好；不管对方对与不对，他自己要做对，能够做到"贫贱不能移，富贵不能淫，威武不能屈"。这是一种理想化人格，这类人做事不从利己而是从利他角度出发，而且是真正的利他。

反过来说，现实中还有比禽兽更坏的人吗？禽兽不如的人为了满足自己的欲望无休止地跨越人性的底线，绝对地自私自利，和这种人交往你永远都是受害方。遇到这种人要赶快中断关系，不要对这种人抱有任何幻想。这些人为了利益随时可能对你造成损害，甚至危及你的生命。他随时可能背叛你，而且毫无愧疚之心，因为他认为这是你欠他的。

⑦ 混如天使，序如魔鬼

面对复杂的社会和人性，我们怎样把握关系的实质，怎样管理和维护关系呢？是不是所有的关系都值得付出，都值得维护呢？当然不是，不是所有的关系都值得维护。

在处理关系时，我们首先要看对方属于哪个人格层次，对待不同层次的人格要用"混如天使，序如魔鬼"的方式处理。如果对方处在大人的层次，跟这样的人在一起你会感到非常舒服，你即使不过多维护，他也会关注到你的变化。但这种人太少了，不具备普遍性。

这里存在一个问题，我们和他人交往时，往往会用大人的标准看待他人，以较高的标准要求对方，却不会拿这个标准要求自己。庄子的"大人"和圣人类似，提出这一观点的代表人物墨子提出了兼爱。这是一个非常有挑战性的标准，简单来说就是爱隔壁家的、爱楼下的、爱其他家庭的孩子，要像爱自己家的孩子一样。能达到这样标准的人不是圣人是什么？这种标准太超出人性了。当然，他的兼爱思想也包含了人人平等，这在当时是很先进的理念，但他忽视了人性的复杂。

人具有自私的天性，但不能说自私就是恶。为了让自身存活下来而从事某些行为，这是恶吗？这是本能。只有凌驾于他人的利益之上，损害了其他人的利益，才叫作恶。所以我们不能简单地贴标签，不能武断地说自私的人就是坏人。

每个人都具有动物性，而社会性却各不相同。我们受到的教育、所处的文化氛围、形成的个人认知千差万别，导致我们处在庄子划分的不同的人格层级。因此在关系的管理中，也要采用不同的方法和不同的应对措施。自私的好坏与否没有绝对的道德标准，要根据自私的程度和损害他人的程度具体判断。

现在的人际关系中掺杂着虚假，维护关系不是发自内心的认同和欣赏，而是关乎面子和利益交换等其他原因。结婚生子、百日宴、生日宴，各种看似热闹的宴席聚会，成为大部分人的社交成本和负担。这种关系有多大意义呢？这不就是一种社会关系的内卷吗？在这种关系里投入很多，却得不到真诚的社会关系，也无法促进关系的改善和发展。

如果我们在社会关系中过于感性，不受理性的支配和统辖，就会出大问题。人都有欲望，叔本华说过："人就是一团欲望，满足了就无聊，没满足就痛苦。"假如人只是一团欲望的话，那人就只有动物性，没有社会性了，所以我不同意这种说法。

我反倒认为人之所以为人，是因为人不只是被欲望驱使的动物，还有理性和精神价值。人会为看不见摸不着的价值而活着，这是人和动物的区别。如果你找不到这种价值就麻烦了，那你活得就跟动物一样。人除了基本的动物本能，为了满足基本生存的需要，还有理性和价值观，还会产生关于意义的思考，追求抽象的精神价值，而丰富的精神世界才是支撑人、给人无尽力量的根本所在。

⑧ 三观合则事易成

我们在处理人与人之间关系的时候，经常会遇到三观不合的问题，这是最难达成一致的问题。三观就是世界观、价值观、人生观。我们看待世界所持有的一种相对稳定的观点就是世界观。面对同样一件事，世界观不同的人会得出不同的结论，甚至是相反的结论。不同的价值观会带来不同的行为，在一个团队中，如果出现了三观差距较大的情况，就很难在一些重大战略问题上保持一致。也正是出于这个原因，合伙人和早期项目团队分崩离析的一幕反复上演。

人是社会关系的总和，社会关系的背后代表着不同的三观。社会关系的好坏，取决于你选择什么样三观的人和你形成关系。如果你们的三观有比较大的差异，那你就得承受他的观念带给你的压力。

社会关系所带来的很多痛苦，往往都是因为交往前期对三观的交流欠缺，甚至没有考虑过三观是否一致。你可能认为一个人有实力、有本事或者有背景，但就是没有考虑这个人的三观。如果三观不合，你之前所考虑的一切都没有用，因为你们的思想不在一个层面，很难形成共识，产生共鸣。你期待持续合作，甚至互相成就，这无异于缘木求鱼。如果要建立一种长期的关系，在有选择的情况下，一定要考虑和对方的三观是否契合。

在关系管理中，首先，要认识到关系是不断变化的，而且是双向变化的，要做好应对变化的心理准备；其次，在与他人形成关系的初期，要考虑对方的人格类型和价值观，再决定是否深入交往或合作；再次，关系管理如逆水行舟，不进则退，需要不断投入和主动维护；最后，改善关系需要主动释放善意，主动改变，以自我为中心的关系模式很难形成持久良好的关系。

有些关系是无法事先选择的，但可以去做相应的努力。比如父母、子女，在这种无可选择的亲密关系中，我们就需要用智慧学会与他们相处。

人是在相处中不断了解彼此的，那么，在团队建立初期如何了解团队成员呢？在实践中，我们找到了一个行之有效的办法，我把它称为"先项目制，后公司制"。通过项目制的方式让大家在利益和权力面前展示自己的真实观点，然后通过相互碰撞和求同存异，通过自然筛选的方式留下价值观相同的人。此后，这些人共同组建公司，形成较为稳定的股权关系。项目制就相当于"先恋爱"，公司制就相当于"后结婚"，这样就能有效地规避由三观不合导致的创业团队的分裂和公司高层的震荡。

⑨ 调整关系模式，缓解压力和焦虑

如果你的父母或孩子比较好相处，那是你的运气好，很多人没有这么好的运气。很多人的父母不是很会处理关系，甚至有些父母的行为如同禽兽。在这样一种你无法挑选、无法更改的关系中，要想处理好关系只能靠改变自己，而不是靠试图改变父母。也不要试图改变你的孩子，因为人是很难被改变的，除非自己主动改变。

当今社会癌症高发，很多人把原因归于空气污染和食品安全问题，其实社会关系带来的心理压力、压抑和焦虑也是很重要的因素。糟糕的人际关系是造成焦虑的重要原因，而焦虑对人的身体有很大损害。焦虑成为普遍的社会现象，也给很多商人带来了机会，他们从中发现了商机，总结了一些所谓"方法"来迎合大家想快速缓解焦虑的心理。其实人际关系带来的焦虑是很难获得快速解决的，也没有普适性的方法。我们必须回归源头，回到关系中的具体事件进行分析解决。

在混序部落里，几乎每天都有各种团队领导者来咨询其创业团队中的关系问题。比如，大家心不在一处，还被迫捆绑在一起假装和谐；大家想的都是各自的利益，陷入内部的勾心斗角，对别人有各种不满，大家都振振有词。其实，大家做项目没有那么累，假装和谐很累，假装团结很累。

有些人做老板以后会陷入自我怀疑，原有观念在人际交往中被颠覆，对世界完全不认识了。他们通常以前没有真正管理过员工，或者只管理过某一个方面。当老板不同，要与形形色色的人打交道，要面对和处理的问题更加全面和多元，这种观念层面的颠覆感和不适应是很正常的。

很多人在处理社会关系时以自我为中心，以自己的认知来定义、评价外部世界，这就会与现实发生冲突。那么问题来了，你是调整自己的观念还是去调整这个世界？显然，你调整不了世界，你只能改变对世界的看法。你需要有强大的内心。你要明白，不是现实出了问题，而是现实超出了你的认知范围。

很多人面对和参与的社会关系比较复杂，处在多种社会关系中。关系是一种综合体，通常不是单一的。我们既要存在于关系当中，也要跳脱出关系，在关系中保持主导性和自由度，这样才能保持内心的相对宁静，不被各种社会关系牵着鼻子走。

我们这时候需要对身边的社会关系进行梳理，有些三观不合，甚至带来负面能量和伤害的关系，应该终止。这是你的历史包袱，应该早些把它卸掉。还有一些你认为合适但是平时很少维护的关系，就需要多花点时间去维护。

对于能给你带来现实利益却三观不合的人，最好慢慢解除合作关系。当下的现实利益很有可能就是你未来要付出的成本，这是非常危险的。因为三观不合的人很有可能和你发生冲突，如果他的道德水平低，可能会随时背叛你，甚至陷害你，给你带来巨大损失。

我们常说"人在做天在看"，有良知的人是敬畏上天的，没有良知的人是不怕天打雷劈的。这种合作可能给你带来一些暂时的物质利益，但由于这些人没有底线，以后极有可能给你带来一些重大的损害。这样实在得不偿失，你应该跟这类人及时中断联系。

还有一些人可能在现实中没有给你带来利益，但这些人有良知、讲道德、有做人的标准。他们即使不能马上给你带来现实利益，也不妨在这些人身上花些时间，主动靠近，主动加强联系。有安全感、靠谱的关系才值得投入和维护。

⑩ 主动创造新关系

在对关系的管理中，我们还应该主动创造一些新的关系。

社会关系不应该是一潭死水，而是一条流动的河，它应该是动态的，才能随时保持活力。很多人把关系搞成了一潭死水，搞成了封闭的小圈子，而且没有维护关系的新陈代谢，那不就违反"道"的本义了吗？

万物从来都不是静止不变的，始终在进行新陈代谢，进行自我迭代，社会关系也是一样的。我们应该把关系管理变成一种日常工作，主动走出封闭的小圈子，创造一些新的社会关系。新的社会关系更有可能给我们的人生带来新的机会。

你现阶段遇到的很多人生问题，都是由你过去的社会关系带来的。你有什么样的朋友，有什么样的社会关系，就预示着你未来的人生中可能会发生什么事儿。所谓好运气，其实还是因为你在过去的社会关系管理中做了很好的建设，给你带来了一些好的机会。

技术进步带来组织结构的变化。当今社会，人们以更小的单位，包括个人、群和社区在陌生人之间展开协作，部分替代了以前公司与公司之间的合作，分布式社会出现。所以新的连接和新的社会关系的建立更为重要。通过连接形成新的社会关系，在人群中建立个人信任。新的社会关系将创造新的生产力，新的生产力创造新的价值。

未来的事业团队将是股东、员工、客户三位一体，新的社会关系将为个人和团队事业的发展提供助力。通过跨圈、跨界的社交活动打造广泛的社会网络，将关注者转化为支持者，将支持者转化为追随者。

无论是过去的博客、论坛、微博，还是现在的微信、直播、短视频，社交工具的变化不会改变人们通过社交关系创造影响力这一本质。打造自己的标签，主动成为发光体，彰显道德力量，向上做事向下做人……这是我通过实践总结出来的帮助你与他人形成良好关系的做事方法，我把它总结为"先混人，后序事"。

如何先混人？一是主动，主动介绍自己；二是真诚，不浮夸、平等地对待每个人，及时回复信息，主动帮助别人；三是设置话题，对不同观点进行开放式探讨；四是自我时间管理，与合作伙伴保持信息同步，不耽误别人的时间；五是多项目平行空间管理，尽可能不把自己的事给别人做；六是长期关系不以利益交换为原则，不能有钱就有关系，没钱就没关系。

以上原则具体体现在社群中，其实质就是混人缘、混人品、混序部落的具体做法如下。

1. 不"潜水"，多"冒泡"，提高曝光率，做个混序发光体。不用说早安、晚安，多描述当下状态，更吸引人关注。多用表达真实感受的词句，不要用标准化用语。

2. 积极热情，主动搭讪。例如：主动欢迎新伙伴，让新人觉得心暖；多点赞，让别人感受到你的善良，会让人喜欢和信任。

3. 打开自己，主动求助。自我封闭是社交的障碍，不要担心自己与他人不同，而且不同能够引发别人的好奇心。求助可以交很多朋友，特别是女性的求助，会让男性觉得自己有力量、有能力。

4. 以开放的心态包容差异。海能纳百川，是因为大海的海拔低。同样，放低姿态能够帮助我们融入社群。低姿态融入是第一步，主动帮助别人才是第二步。低姿态融入，每天让大家发现你的一个优点，逐渐让大家对你产生好感。

5. 主动帮助别人，释放善意。敏锐捕捉话题，主动配合对方需求。如果有人求助，帮不上的时候也可以表示"我帮你想想办法"。有两种做法容易博得好感：一是努力了帮不到，二是努力并成功帮助了对方。对"雪中送炭"式的求助给予快速响应，更容易让人记得。如果有群友发了一句话很久没人回复，你积极回复一句，会让他心存感激。

6. 做积极创造话题的人。社群是高效的社交媒介，主动通过话题的讨论展现自己的能力和特长，或者拥有的特殊资源，能让别人发现你的价值，从而带来更多合作机会。展示方式也特别重要，强硬、直接会惹人反感，要小心把握。微信群是点对多交流，每个群都是一个教室、一个广场，社群就是社会，社群交往行为也属于社会交往范畴。自我展示的效果和展示方式直接相关。千万不要让人觉得你高不可攀，否则你交不到什么朋友。

7. 创造话题从提问开始。创造话题从提出问题开始，创造话题"碰瓷"，或者通过巧妙的提问转移话题。这就需要细腻观察，自然介入。先混人品，再混产品；先获得友谊，再取得合作。

8. 认真阅读群规，高度自律。自律是混人的基础，你做一个小动作，几百人都看得见。社群也是社会群体，不要做破坏纪律、让人讨厌的人。做好群主工作就是为当好企业带头人打基础。拥有植根于内心的善意、不须提醒的自律，你就是最受欢迎的人。混人，就是让更多人喜欢自己，让更少人讨厌自己。

在社交关系中，如果没有情感和价值观的联系，是很危险的，尤其是只有利益交换的关系。你认为可靠的利益交换关系实际上极不可靠，因为利益不稳定，对方给你开的价格不稳定，你的竞争对手开的价格也不稳定，又有什么稳定性可言呢？

大家通常认为利益关系是最简单的，这是错误的。建立在相同价值观基础上的关系是最稳定的，因为这是金钱买不走的。大家应审视自己因为金钱和利益建立起来的所谓关系，千万不要在这种关系上寄予太高期望。人一定要找到志同道合的人，与之建立关系，才能最终建立长期的信任与合作。

⑪ 向下做人，厚德载物

照顾别人，就是照顾自己。很多人只关注自己的事情，不懂得先混人的道理。没有人支持他帮助他，他就活成了孤家寡人，活得很累。为什么要关注别人的需要呢？因为如果你能一直帮助身边的人变得更好，他们就会反过来关注你的需求，主动帮助你，到时你反而轻松了。你待人充满热情和善意，主动关注别人，自然生出慈悲和智慧。心是会共振的，常用心于人，就能收获与你产生价值观共振的朋友，反过来帮到自己。所以，把重心放在关心他人的需求上，先混人后序事，或许会很忙，心却不会累，这也是我们说的向下做人，厚德载物。

正如割麦子要先弯腰，心态决定状态，格局决定结局。有大格局的人做人做事能够把眼光放长远，因而拥有更宽广和开放的心智，更能够感召和影响追随者。因此，决定领导者发展上限的不是能力而是格局。

我经常在给一些初创团队培训时用"向下做人，厚德载物"来勉励他们互相理解、互相尊重、互相关照。在价值观上应该求同存异，包容不同的个性和生活习惯，尤其是要包容理念差异，不能走极端，不能走向"不是你对就是我对"的二元对立关系。

比如，子女教育出现问题，部分原因就是家长自身的教育理念存在问题。不是"棍棒出孝子"，就是"我不指望孩子有成就，他快乐就好"，不是在这个极端，就是在那个极端，那些做法都不对。

我有一篇文章叫《混序式育儿》，就讲了不要用极端的方式教育孩子。既不能让孩子在严厉的惩罚下按照你的意志成为学习机器，也不能只给他快乐，像放羊一样任由孩子发展。权威式、家长式的压制型教育会给孩子的心理造成巨大的伤害，未来孩子也只会用压制、暴力来建立他的社会关系。但完全放养又容易让孩子形成以自我为中心的思维模式，比如，只要我快乐就行，其他不关我的事，这种小孩容易处理不好同学关系。

混序部落的小伙伴经常听我讲混序式领导力，就是混沌释放自由，带给大家快乐，但只有快乐是不行的，我们还需要秩序。秩序就是做事的规则、做事的底线和边界，而约束可能会给大家带来痛苦。

与子女、团队的关系都是不同类型的关系，都涉及关系管理。关系管理不是空洞的东西，它渗透在生活的各种细节里。各种关系的管理中有一点是一脉相通的，就是需要我们多反省、自律、自我改进，少在对方身上找问题，多在自己身上找毛病。一味要求对方改进，即便你指出的对方的问题是对的，这种方式也是错的。如果每个人都从自己的角度出发，哪怕指出的问题是真实存在的，对方也很难接受，更别提改变。同样的情形是，在很多团队里，团队成员犯了错误，团队领导者只埋怨下属从不检讨自己，本质上也是一种关系管理的错位。

在关系的管理中，我希望大家都能够做那个主动建设的人。厚德才能载物，德高了之后位才可以高，你才能立得住。很多人做不好事情主要是因为做人有欠缺，懂得做人，很多事就顺了；不懂得如何做人，即便身处高位，也容易从高处跌落，狼狈不堪。

我们经常看到这种现象，有人靠运气和机会赚到的钱，最后都凭实力亏损了，那是因为自己的德和认知驾驭不了财富，一笔错误的投资就能让人前功尽弃。为什么驾驭不了财富？关键在于做人的格局、朋友的筛选、社会关系的管理。

假如你突然发了一笔财，如果你的社会关系中都是些唯利是图的人，你认为这笔财富对你来说是好事吗？没钱还没事，大家也不惦记你，有钱之后很多人会凑过来，想方设法分一杯羹。在这样的社会关系生态里，我认为发财不见得是好事，还有可能招致祸患。

⑫ 跨越圈层，升级社会关系

在关系管理方面，我们常遇到一个矛盾，就是如何在个人能力和社会关系之间找到平衡。其实个人能力和社会关系也是动态的，有些情况下相互促进，有些情况下制约你的发展。当你有了更高的能力，你可能会跨入更高圈层的社会关系中。但有些人没有随着个人能力的提升及时梳理社会关系，他原先的社会关系可能会影响他的进一步发展。

当今社会，两代人甚至同代人的认知和能力差异是很大的，你的认知提升了，能力提升了，就需要对之前的社会关系做出调整。有些人是见不得自己身边的人取得成就或比他们厉害的，如果发现这类人，那么最好对他们敬而远之，以免招致嫉妒。他们可能会给你带来负面评价，因为你比他们优秀。讲到这里，也许你已经意识到，对朋友圈的管理就是对社会关系的管理。

大家处于差不多水平的情况下，你是感受不到这种恶意的。当你做一件事，横也不是竖也不是，怎么做都不对的时候，就说明你的关系圈出了问题。这就需要你主动梳理你的社会关系，将主动权抓在自己的手里，不被别人牵着鼻子走。关系是随时随地变化的，做好你自己，不要为了维护关系顺应对方而盲目做出改变。

主动调整朋友圈中"小人"的比例，降低"小人"的占比。你的关系圈里不能全是"小人"，也不可能没有一个"小人"，世界没有那么理想化。关系圈中"小人"的比例越来越小，"大人"的比例越来越大，会对你的人生有很大帮助。社会关系永远在动态中发展，不要用一成不变的眼光看待它。

我的博士专业是社会学。有很多社会学博士论文专门研究中彩票大奖的人，探讨他们在中奖之后的生活是否幸福。相信很多人都对此感到好奇。你可能不相信，数据表明，99% 的人都会变得不幸福。他们中的大多数人没有能力和境界驾驭这笔财富，也没有好的社会关系协助他们守住财富。他们身边都是想瓜分其财富的人，因为中彩票是不劳而获，而不劳而获是最惹人嫉妒的。你能够掌控的、能够稳稳地拿在手里的幸福和你身边的社会关系息息相关，尤其是到一定程度后，跟赚多少钱没有太大关系。

　　在中国传统智慧中，很重要的一点就是要动态地看待问题，看待"有"和"无"、"虚"和"实"转化的智慧。《道德经》中讲"故常无，欲以观其妙；常有，欲以观其徼"（出自《道德经》第一章），常从"无"中观察天地的奥妙；常从"有"中寻找万物的踪迹。老子认为有和无是同一来源的不同名称，是一切变化的总门。从有和无的关系中我们可以体会到，在顺利的时候千万不要得意忘形，但凡有点成就一定要把自己的姿态放低，不要到处显摆，但凡过得好一点就一定要注意社会关系的管理，因为一切都在变化之中。

　　同样的道理，如果你受到了重大打击也不要自暴自弃、自我否定，对未来悲观，甚至一蹶不振。处之淡然，你就能很快运用理性、客观且有效的方法走出困境。怨天尤人、自暴自弃、放弃努力和自我转型，你就放弃了未来的机会和可能性。

　　希望通过逃避的方式解决问题，这是不可取的。要从问题本身寻找答案。让自己冷静下来，研究当下的新形势和新机会，跨界破圈，与更多人建立联系，相信如此努力一番，你未来的路会越走越宽。当你的视野开阔了，格局提升了，就会用全新的观念把现有资源重新整合，在不同事物之间建立新的联系，新的创意将会涌现，你将拥有超越你想象的创新能力。总之，只要对自己还没有失去信心，愿意努力打拼，你就还有机会。没有人会去救一个自我放弃的人，所以永远不要放弃自己。

第 5 章

修炼二：
讲故事，带新人

　　人的一生会有若干个第一次，正是这些第一次使我们不断自我超越。美国股市有四只家喻户晓的"独角兽"，分别是 Meta、亚马逊、谷歌和奈飞，并称为"科技股四剑客"。相较于其他三家公司，奈飞显得低调很多。直到一份 PPT《奈飞文化集》在硅谷疯传，一时间硅谷掀起了竞相研究奈飞的浪潮。《奈飞文化集》中总结了人的三大目标：归属、成长和创造，只要我们用心持续投入，三者都可以实现。阿德勒在《自卑与超越》（*What Life Could Mean to You*）中提到，一个人的成长历程包含了三个重要的命题：走向独立、与他人连接、找寻自我。

　　成长的路遥远又艰难，第一步要有自己的梦想；第二步要变得独立；第三步要帮助别人也被别人帮助，变得强大而幸运；第四步则是一个需要耗费一生去回答的命题：我们总会迷失自己，但最终要找到自我，终其一生努力保存那份宝贵的信念。

面子是奋斗出来的，尊严是拼博出来的，是自我超越的结果，与别人无关。而这都要从讲一个美好的故事开始。

讲好故事是凝聚人心，给大家希望的第一步。每个人在追求利益的同时，也要为自己的投入找到意义，因为我们既是需要物质和现实的人，也是追求精神和情感的人。立好 flag，让大家紧紧跟随，是带团队的一项基本功。有了揭竿而起的冲动，有了面对困难的顽强毅力，就能够不停地感召、吸纳越来越多的人加入。通过带新人，在实战中让自己的团队越来越强大，厚积薄发，有源源不断的生力军加入，让团队不只为了一个项目而存在，而是团队本身就具有巨大的价值。通过讲故事、带新人，让所有参与者都被赋予一种从零到一的创造能力。团队是铁打的营盘，项目才是流水的兵。

① 讲好故事，凝聚人心

很多人认为做事就是靠做，不懂为什么还要讲故事。不知道大家有没有看过以色列作家尤瓦尔·赫拉利写的《人类简史》（*Sapiens: A Brief History of Humankind*），他认为人类最了不起的能力就是能够虚构出一些不存在的东西，以此凝聚周围的人，凝聚一个小家族，凝聚方圆 5 千米内的部落，凝聚一个城邦，凝聚一个民族，最后凝聚全世界，而自由、民主、法治等价值观就是用来凝聚全世界的。

人类之所以能够在不同地域和范围内团结起来，从一个家族到一个族群，从一个部落到一个城邦，从一个民族到一个国家，最后形成了现在的地球村，依靠的是很多神话、寓言和祖先故事。这些故事被祖祖辈辈传承，形成了不同民族的文化传统、信仰和价值观。文化、信仰和传统其实都是形而上的，是意识和精神的产物。它们不是面包，不能够用来充饥，也不是水，不能用于解渴，更不是可以被交换的实物，然而正是它们形成了人们的共同记忆和理念。

把大家从不同家族、不同地域、不同年龄、不同文化连接凝聚，变成一个共同体靠的是什么？故事。不同民族背后都有对应的故事来阐述我们是从哪里来的，我们是谁的后代。中国神话故事告诉我们，人类是女娲和伏羲的后代；西方"圣经"故事认为人是由上帝创造的。

古希腊的神话是西方文明的源头，描写了宙斯、雅典娜、美神、爱神、战神等居住在奥林匹斯神山上众神的故事。最早诞生人类文明的两河流域、尼罗河流域，也就是现在的伊拉克、伊朗、埃及等广大区域，以及古印度文明，都有各自的神话故事。

古印度神话创造了一个叫梵天的崇拜对象，他是创世的神。我们在泰国的街口会看到一个很特别的佛像，一般的佛像最多有两张脸，一面是慈眉善目，另外一面是怒目金刚。梵天则是四面佛，四个面朝着四个方向。古印度神话对东方的影响非常大，佛教就源自古印度。古印度的吠陀经诞生了吠陀哲学，吠陀哲学催生出婆罗门教，婆罗门教就是佛教的前身。所以佛教并不是从石头缝里蹦出来的，而是有自己的演化路径，而上古神话故事在文明演化的过程中起到了非常重要的作用。

大禹治水三过家门而不入，神农尝百草，伏羲分九州，山海经中无鼻无眼的混沌的故事，形象生动，代代相传，正是这些神话和传说形成了我们的共同记忆。如果没有神话，没有传说，那么我们的文化就是无源之水，无根之木。无论哪一个民族，哪一种文明，要形成一种整合民族的凝聚力，一定是从故事开始的。不同的神话，不同的传说，形成了不同的文化特色和伦理习惯。

中国传统文化比较注重人与人的亲情，注重家庭、家族、团圆。中国人每到春节就期盼团圆，非要带着孩子回到家乡，很多西方人对此不理解，然而这就是神话传说带给我们的文化基因。西方的神话很少讲团圆，他们更注重个体的独立、个体的创造、个体的强大。

西方神话还有一些为了突出个性和彰显权力塑造但在中国人看来违背伦理的故事，尤其是古希腊神话。这些神话故事一步步形成西方人的文化特点。他们上一代和下一代之间的情感为什么不像中国人那么浓烈？看看希腊神王宙斯，他一出生就被父亲吞进肚子，因为他父亲害怕自己的统治被他推翻。

　　人类很早就把共同想象用故事中的精神纽带、情感纽带连接起来，用于团结和凝聚大家，把不相干的人组织到一块，共同完成单一个体完不成的事。自从人类有组织活动开始，讲故事就是一个很重要的方法，现在不仅没过时，反而越来越重要，所以大家还应该把这个能力强化。

⑫ 共同的梦想就是奋斗的希望

　　当今物质财富成为大部分人的追求，尤其对于我们这个过去积贫积弱的国家来说，赚取更多的财富成为人们的共同信念。很多人目的明确，认为讲那么多故事没意义，不如直接开始，我们奔着结果去努力就对了。实际上，我们首先要讲清楚为什么要做这件事，它与自己是什么关系，做了以后有什么好处。你得解答好这三个核心问题，才能带领大家继续前进，才能让大家听你的。举个最简单的例子，哪怕是我们教孩子学滑雪，孩子也会问为什么：为什么不能在家看动画片而要去学滑雪，学滑雪有什么好处？

　　带团队的前提也是要回答这三个问题。我们把团队组织起来以后，要让大家形成一个共同的愿景、方向和目标，让大家心往一处想，劲往一处使。如果解决不好这个问题，就会留下隐患。很多团队散了、分裂了，就是因为团队成员在这三个问题上出现了重大冲突，出现了所谓的路线之争、方向之争。从源头上讲，就是一开始没讲好故事。怎样和大家描述美好的未来，怎样讲团队的愿景，怎样讲奋斗的希望，怎样形成团队共识，都是团队领导者在带领团队的过程中要首先做到的，且贯穿始终。

怎样才能讲好故事？创业者要向成功的组织和公司学习。比如苹果公司。苹果公司创始人乔布斯始终想借助现代技术创造一种崭新设计的手机，它有更全面的功能，更便于携带和使用。他描述的这一未来产品在诞生之前，人们不知道自己需要它，但大家使用之后就会爱上它。能够改变人们未来的生活方式，能够改变世界，这个故事本身就很激动人心。

每一次科技大发展其实都是在创造一种新的生活方式，比如马斯克带来的技术发展。马斯克有点像发明家特斯拉，就是发明了我们现在在每天都在使用的交流电的特斯拉。要想明白电的发明和使用对人类的改变有多大，只需要想一下，如果我们的生活中没有电，我们该怎么活？这真是不可想象。所以我们为今天拥有的便捷多彩生活感谢特斯拉，当然还有爱迪生等发明家。他们知道他们的发明能够改变世界，但他们绝对想象不到这些发明让世界发生了如此翻天覆地的变化。

还有一项发明给我们的生活带来了巨大的便利，就是汽车。现在很多家庭都能拥有一部汽车，就是得益于亨利·福特发明的"流水线生产法",这种方法让汽车制造成本大幅下降。我们应该感谢亨利·福特的雄心,"要造出每个家庭都能买得起的汽车",就像后来的比尔·盖茨"要造出人人都能用得起的电脑"一样。

共同的梦想和愿景是团结、激励团队的用之不尽、取之不竭的精神和信念源泉。拥有共同的梦想和愿景,才能召唤和激励大家在面对压力和失败时共同奋斗,挺过发展过程中的挫折和困难。精神的力量有多强大?信念和意志的力量有多强大?信仰的力量有多强大?为中华民族崛起而奋斗,为崇高的价值和美好的梦想而奋斗的信念,激励着千千万万的中华儿女自强不息、拼搏奋发。而共同梦想和共同愿景的塑造,要靠好的故事。

给团队讲好故事的过程,就是形成团队鲜明气质和独特符号的过程。故事可不是简单地用于忽悠人的东西,它给人带来对未来的期望,具有强大的感召力和催人奋进的力量。

⑩ 在真实中找到共鸣

讲故事不是编个故事画大饼,最重要的是真实和真诚,因为真实和真诚的力量最能凝聚和激励人。我经常给创业团队讲一些身边的真实故事,比如混序宫灯创始人庞国梁带领残障人士创业的故事，就是要激励更多人奋发努力、团结向上，从迷茫和低迷中走出来，从躺平和自我放弃的人生低潮中觉醒，成为一个自强不息的人。

人们在不同时代的核心价值观和共鸣点是不同的。"60后""70后"是在集体主义的社会氛围中长大的，大家追求的是集体荣誉感，很少考虑个人诉求。而"95后""00后"更多强调个人感受，追求个人的快乐和满足。"60后""70后"更多要和故土相联系，和身边熟悉的人相联系，现在有不少地方还延续着这样的生活习惯，他们熟悉的人都是自己周边的人，他们更看重环境带来的安全感和内在的平静。

"00后"从小就生活在全球化的氛围中，他们是互联网的原住民，除了现实世界还有虚拟世界。不同的时代都有其特定的时代背景，因此不需要刻意让下一代完全理解或者接受上一代的观念和习惯。生活环境不同，时代环境不同，没有经历过的人是很难理解和接受的。相反，上一代人更应该多了解下一代的心理和文化习惯，而不是刻意强调下一代对上一代的认同和服从，因为下一代才是未来世界的主角。

东方文化有一个很突出的特点，就是祖宗崇拜和伦理至上，它衍生出的是一种家族制、家长制文化。家长制文化要求晚辈要服从长辈，但现代社会不应该过分强调服从。一个民族要进步，后一代人一定要对前一代人有所反叛。从情感上来讲，这一点可能让很多人难以接受，但从逻辑上来说，这就是事物发展的内在规律。就像病毒一样，它要不断变异和进化才能生存。我们需要更加理性一点，尽管在情感上我们希望孩子都能听话，但在理性上要保留孩子们的自由意志，让他们做一些自我选择，形成独立自主的人格。

万物的发展需要生生不息和进化迭代，而不是下一代对上一代的全盘复制。进化一定是有所继承，有所突破。如果组织中的年长者、有资历的老员工墨守成规、固执己见，阻碍年轻人的发展，又该用怎样的智慧解决这个问题呢？

双方的位置和角度不一致，因此，不要急于判断或证明哪一方对或者不对，陷入对与错的争论中，而是应该争取空间、采取行动，证明自己。在家庭中也一样，如果和长辈意见不一致，不妨避免和长辈的正面冲突，为自己多争取一些空间并且马上行动，用行动验证自己的想法。

不要惧怕冲突，因为冲突有时候是一种动力。对抗是能量之间的此消彼长，当结果验证了你的想法的时候，答案自然会浮现。当你有了信念并为此而奋斗，从奋斗中获得自信，你就会有一种自我驱动的能量。最好的动力不是来源于外部，而是隐藏在我们的内心深处。长辈也不要害怕年轻人犯错，谁没有犯过错呢？不停地试错才能积累经验。不要怕年轻人走弯路，走弯路才能够学到最深刻的人生智慧。

"千里之行，始于足下"，这句话大家耳熟能详。但大部分人最多只迈出几步就停了，走不下去了。这是为什么呢？因为他们没有信念。大部分人拥有的技能其实是相似的，也大都具备获得成功的本领。既然大家都会走路，那么，为什么有些人能坚定不移地走到终点，有些人不能呢？这种差别出现的原因是什么？是持续坚持的动力。这个驱动力就是精神力量，往往来自故事，故事帮助我们形成信念。

我们小时候都被教导过要学习雷锋。我们都知道，雷锋没做过惊天动地的大事，都是些小事。雷锋的人生就是由一个一个的小故事组成的，我们也从他的故事里感受到人的价值不在于自己得到了多少，而在于为他人创造的价值有多少。需要我们的人越多，我们的价值就越高；我们帮助的人越多，人生就越有意义。"有"带来的不一定是快乐，有时候"无"反而是最宝贵的。无牵无挂、无忧无虑、无病无灾，这些反而是提升幸福感的东西。

不要认为故事是虚构的，因此不重要，故事是每个人都需要的一种精神能源。你的故事能吸引和感召到的人，就是与你志同道合的人。故事也是一个探测器、一个雷达波。有些人对你的故事没有反应，就相当于被筛选出去了，有些人对你的故事特别感兴趣，那就是探测到了合适的伙伴，你接下来就可以考虑能否一起做事了。

你希望有人能够和你共同完成一个项目，做一件事，首先要关注的不是对方有没有实力，有没有背景，而是要看对方对你要做的事有没有反应、是否认同。"道不同，不相为谋"，对方认同你的人、你的项目、你的故事，你们才有下一步共同奋斗的可能。

⑭ 普通人怎么讲故事

　　关于讲故事有个误区，很多人以为特别会忽悠的、会画大饼的人就是会讲故事的人。恰恰相反，讲故事的核心不是漫无边际地吹嘘，而是真诚，真诚具有强大的感召和凝聚人心的力量。

　　混序宫灯的创始人庞国梁带领一帮残障人士成功创业，他的宫灯项目受到当地政府的大力支持。庞国梁本身也是一个患有小儿麻痹症的残障人士，他为什么能够受到大家的信任和支持呢？就是因为他的真实和真诚。他每一次坐在轮椅上讲述自己的故事，讲述他们的团队共同奋斗的故事，大家都会被他们自强不息的奋斗精神所感动。他们的故事全由真实感人的点点滴滴的细节组成，正是这样的故事激励着他们不断前行，也让他们收获了更多人的感动与支持。对于普通人来说，讲故事的首要前提就是真诚，实事求是。真实的细节是最好的素材，真诚的故事具有强大的感染力。

　　除了讲自己的故事，也要讲和大家相关的故事。你讲的故事一定要与大家的利益密切相关。讲自己的故事只是第一步，接下来的故事要讲清楚为什么邀请大家共同奋斗，每个人是怎样的独特而重要。

　　创业者还要学会拿初步结果讲故事，表明你是真的投入了你们的共同事业，通过快速行动拿到了什么样的结果，完成了什么样的小目标。如果暂时还没有结果，让大家看到你的努力也可以，这样大家就知道你的理想和信念不是只停留在口头，而是正在有计划地付诸实施。如此一来，大家会更愿意追随你共同奋斗。

不是做每件事都能得到我们预期的结果。人人都想获得成功，但是不一定都能获得成功。走向成功的道路是艰辛的，这个过程中有很多不确定性，所以，我们要脚踏实地、知行合一地践行，也要敬畏不确定性。不确定性往往是我们无法左右的。我们能够做到的，就是讲好故事，树立信心和决心，并带领团队为之持续努力。讲好故事与紧随其后的行动，就是知行合一的坚持。坚持你所认定的，不停地冲在最前面去验证和实现，用行动谱写的故事才最有说服力。

⑤ 学会带新人，提升执行力

当团队有了共同梦想和愿景，有了对未来的希望和憧憬之后，团队领导者就要对成员进行能力提升的训练。大家的能力参差不齐，一些生手和新手可能会给团队带来损失。团队的整体绩效往往是由团队成员中的短板决定的，这个时候如何带新人就成为提升团队整体绩效，确保项目成功的重要环节。

　　带新人不是给新人培训制度、流程、企业文化这么简单，最重要的一点就是要敢于让新人在行动中试错。很多公司会给新人制定各种规矩、考核，这实质上是在训练标准化的操作工，不是在带新人。带新人就是要给新人成长的机会，不用太多条条框框限制他们，给他一些犯错误和成长的空间。

　　给新人定规矩、定KPI（关键业绩指标）、定考核、定指标，告诉新人这不能做、那不能做，或者扣罚措施，在这样的体制中人才是不可能成长起来的，员工永远都是低水平的劳工。只要一犯错就要受到惩罚，员工就不会思考怎样把工作做好，而是只考虑怎样做不出错。在这样的环境中，新人就容易当一天和尚撞一天钟，出工不出力，上班摸鱼①干副业也就在所难免了。

　　新人不可能不犯错，甚至不可能完全领会上级的意思，他们需要一个适应和成长的过程。团队领导者一定要给新人提供成长空间，创造包容的环境，甚至创造机会让新人试错，尽快让他们掌握工作技巧和经验，不断改进工作方法，快速成长。

　　要学走路就要摔跟头，大家都懂这个道理。但新人入职后，团队领导者可能就变了，变得不太有耐心，也不太有包容心。领导没有耐心，要求新人马上掌握工作内容，并用严格的制度加以考核，新人也就不愿意投入，不会花更多心思在工作上，心里想的是"这家不行就换一家"。这样就会导致新人有潜

---

① 摸鱼，网络流行词，指的是上班时间偷懒、不务正业。——编者注

力也没有机会发挥，公司认为新手都靠不住，能力差、悟性低，不值得培养，久而久之形成恶性循环。双方都受到损失，新人失去了机会，公司也永远得不到熟手、高手、能手，面对的永远是新手。

高手也是从新手成长而来，因此团队领导者一定要给新人成长空间，允许新人适当犯错。为什么有不少团队领导者特别辛苦，就是因为他们不会培养人，不会带新人，只能狠狠地用自己。要培养人，形成人才梯队，靠的不是简单的说教，而是向下赋能，给新人更多机会。此外，要创造容忍新人犯错的环境和文化，能够接受他们初期的失败。

⑥ 培养 T 型人才，训练软技能

要给新人赋能、给下属赋能、给团队成员赋能，就要让他们尽快参与项目，进入实战。他们需要的不光是业务能力和硬技能，还需要练习软技能。什么是软技能？简单地说，软技能就是社会交往能力。你要让新人在你身边观察和学习你是如何和客户沟通的，如何获得客户信任的，这种社交能力是无法通过标准化训练获得的，需要你手把手带，让新人在你身边实践模仿。通过对软技能的训练，让新人迅速提升自己的综合能力，最终成为更适应社会需要的 T 型人才。

T 型人才就是同时具备硬技能和软技能的复合型人才。纵向的硬技能主要指专业技能，横向的软技能是指社会交往能力、合作能力、沟通能力、组织能力等与人交往的能力。未来人才的培养方向就是要在专业技能的基础上增加横向的社交技能。带新人主要就是带他们与人合作的能力，因为专业技能可以通过系统的培训来提升，而横向的社交技能则更需要在实际工作中练习。

纵向的专业技能是可以被量化和复制的，未来更容易被人工智能替代。人工智能已经替代了很多行业，很多现代化企业已经实现了自动化生产，比如高级医疗器械的生产也使用人工智能，其中对精度的要求是人工所达不到的。专业技能未来可能被机器替代，所以在专业技能之上发展合作能力、组织能力、领导能力、凝聚能力、感召能力，才更符合未来社会的需要。

⑦ 及时给予新人阶段性评价

除了要给新人试错和成长的空间、培养 T 型复合能力，还要给新人设置阶段性目标，及时给予阶段性评价。新人有一项很重要的需求就是成长，如果新人不能得到提高，他就成长不了。给新人设置阶段性目标，就是促进新人成长的好方法。在设置目标的时候不能一视同仁，要给新人单独设定目标，因为每个人的能力和特长是不一样的。团队领导要特别擅于观察人，这样才能把最合适的人才匹配到合适的位置。新人如果能有一定的成长，取得一点成绩，即使一时达不到目标也不会感到沮丧受挫。设置了阶段性目标，还需要做阶段性评估，可以每个月做一次。

在评估的时候，谈话方式也很重要。我经常使用的是分为三段的"三明治评估法"，简单来说就是肯定 – 否定 – 肯定，否定就是夹在中间的那块"肉"，因此也可以称之为"肉夹馍评估法"。第一层要肯定成绩，哪怕他只做了一点点。肯定一定要具体，不能只是泛泛地说"最近不错"，这样是没有什么效果的。

比如，某个新人最近的销售业绩不好，已有的 5 个客户流失了 4 个，只有一个勉强维持，如果要肯定这个新人，你应该肯定他什么？这就需要发现他的闪光点。业绩不好但工作态度很好，可以针对其工作态度来表达肯定："小李，我观察到你这个月全勤，而且据同事们反映你总是第一个到公司，还能够主动帮助大家。"这就是一个很具体的肯定，对于肯定的内容，一定要具体地指出。

第二层是"三明治评估法"最核心的内容，就是指出新人在工作中出现的问题，问题要讲透，不能只讲结果。"小王，你这个月业绩这么差，完全不符合公司要求，至少要完成 80% 才行。竞争很激烈，我们实行末位淘汰制，如果你再完成不了，就有被淘汰的风险。"像这样只靠讲结果施加压力是不行的，提出批评也要讲究方法。

如前所述，表扬和肯定的内容要真实具体，那么批评也要指出新人的做法中的具体问题，提出他做法和技能方面的欠缺，而不能侮辱人格。有的团队领导者对团队成员的批评完全是错误的，对人不对事，不能真正找出新人在工作中出现的问题，就别提让成员改进了。不能简单地骂新人笨，这样他永远不知道问题出在哪。第二段就要指出新人存在的问题，把问题放到具体事件中讲透。

第三层要给新人鼓励，让新人看到希望，并且告诉他下一个阶段努力的方向，给出具体的改进建议，这样新人才会主动积极地改进。带新人是一个很具体、琐碎的工作。所以当好领导真的不容易，需要特别注重细节，特别有方法，"三明治评估法"就是带新人中很实用的方法。

在实际工作中，通常可以简要地把新人分为依赖型人格和自立型人格两种，要结合新人的性格属性采用不同的评估方式。对于依赖型人格的新人，要更多地肯定他们的努力和付出，并跟进有关方法和流程的培训，给他们提出更多确切的量化指标，对结果的评价更多地关注他们投入的时间和用心程度。

对于自立型人格的新人，要更多地评价结果，对过程的评价可以简单一些。自立型人格的新人能够自己根据任务目标安排时间和进程，具有较强的自主性，但同时也容易在协同上有问题，在合作上容易出现偏差，因此，团队领导者要在评估中予以指出。

在具体工作中，要充分考虑这两种人格的不同工作特点，对依赖型人格的新人更要注重过程的指导，对自立型人格的新人要减少对过程的监督，注重结果的达成。好的团队是多种人格类型的相互匹配，团队领导者要运用不同的工作方法，促成互助双赢。

⑧ ABC 三阶团队提升管理能力

培养新人还要为其制定一个逐级上升的目标阶梯，不能一步跨越太大。过高的目标对于天才来说没关系，谷歌的创意精英们就喜欢制定"10 倍增长"这样超乎寻常的目标，他们喜欢有挑战性的生活，但这并不适合大众。

大多数人需要循序渐进，通过多个阶梯型的小目标最终达成能力的跨越。因此，团队领导者在制定目标时，要分解出多个逐级上升的阶梯型小目标，每一个阶梯都很小，努力一下就可以达成。

人有希望才会努力，目标太高就容易对自己失去信心。新人抱着成长和学习的心态，他们知道自己起点低，也愿意付出努力。要给新人设置目标阶梯和阶段性评估，像教练一样带领他们成长。

　　给新人一个宽松的、能够容错的空间，鼓励他们试错；让新人尽快实战，在实际工作中学，让实战给他们赋能；给新人设置阶段性目标，提供阶段性评估，引导新人逐级完善、逐级提升，帮助新人建立工作信心。

　　我在天士力担任首席执行官期间，每年要通过各种项目培养新人。我通过多年实践总结了 ABC 项目三阶法。刚刚接触工作的员工可以先从 C 类项目开始，初步训练自己的团队领导能力和项目运营能力。C 类项目一般指团队成员在 10 人以内，项目成果标的在 50 万以内的项目。这些项目内容相对简单，涉及 1~2 个跨部门协作，管理复杂程度较低。第二年，可以给管理过 C 类项目的成员安排 B 类项目。

　　B 类项目通常指团队成员在 30 人以内，项目标的在 100 万元以内的项目。这些项目涉及 2~5 个跨部门协作，项目内容涉及较复杂的技术和管理，项目的周期通常为一年。经过 C 类和 B 类项目的锻炼，这些项目经理基本上通过了实战的考验，在组织、协调、沟通、应变等方面都有了经验和基础。在合适的情况下，他们就可以担负起 A 类项目经理的重任。

　　A 类项目就是我们常说的大型复杂项目，不仅涉及 5 个以上公司内的部门协作，还有与公司外部的第三方以及供应链上下游的相互配合。如果能够胜任 A 类项目，这就意味着他们已经成长为一个独立的、能够带领 100 人团队的领导者。10 年间，通过 ABC 进阶的项目训练，大批新人获得了快速成长，成为上市公司多元化拓展的中坚力量。

第 6 章

修炼三：

设目标，激活力

　　一个人陷入迷茫和困顿大多是因为失去了生活的目标，躺平就是大多数人目标缺失、灰心丧气的集中体现。我们的态度很明确，无论什么时候，人都不能失去目标。如果没有了目标，人生也就失去了奋斗的意义。目标不仅对人生观、价值观有决定性影响，从管理和经营的角度来讲，对于我们日常生活和工作，也具有关键性的牵引作用。

　　目标给我们指明方向，驱动我们不断向前，激发我们内在的活力，激励我们朝着理想勇敢地拼搏。目标也是我们前行的"地图"，给我们提供具体的道路指引，也是我们一路向前的里程碑，更是带领团队不辱使命、达成梦想的源源不竭的动力之源。

① 错误的目标等于没有目标

现今社会，团队也好，公司也好，在设定目标时容易出现错误，导致成员或员工两极分化，要么躺平，要么拼命内卷。实际上，只能导致躺平和内卷这两种状态的目标就是错误的目标。

错误的目标有以下几种常见的表现形式：一是目标过于理论化和主观化，没有经过前期广泛的市场调查，而是靠拍脑袋决定的，这种目标不仅浪费大量的资源，也会造成团队信心的丧失；二是不考虑自己的实际情况和人才资源的现状，脱离实际情况制定目标，属于小马拉大车，几乎可以肯定这种目标在执行过程中会导致资源冲突和项目延期；三是僵化死板的目标，在外部的环境和政策都已改变的情况下，仍然坚持原定目标，这属于刻舟求剑、掩耳盗铃；四是过于抽象和宏大的目标，听上去挺有气魄，实际上没有可操作性，这属于画大饼和充气球；五是朝令夕改的目标，让执行团队无所适从，因变动太频繁而失去了任务的严肃性；六是不断拖延和打补丁的"烂尾楼"目标，不断在原目标的基础上追加新任务，不断调整进度和计划，团队人员进进出出，目标和方向自相矛盾。

以上 6 种错误目标是我们在实践中遇到的大量失败项目所呈现的共性，也是不少产品经理抱怨最多的方面。错误的目标导致在执行过程中问题频出，麻烦不断，给管理带来了巨大的压力，也给团队成员带来巨大的身心损耗。

制定错误的目标，责任在于领导者和管理者，但是承担责任和付出代价的是普通员工。选择躺平的也大都是曾经拼过命的人，但是在错误的目标体系下，即便他是拼命三郎，也不会成功。很多互联网公司的产品经理应该对此深有体会，很多项目失败的原因并非自己不够努力，而是项目设立时就注定要失败，命运已定，团队成员深受其害。

大家别以为拼命三郎好，拼命的代价是什么？是抑郁，是心理和身体的创伤。特别拼的人其实是脆弱的，因为他们的世界里只剩下通过拼命来换取价值，那是很危险的。他们稍微受点挫折可能就受不了，他们的抗挫折能力很弱。拼命的员工反而会成为团队中的不稳定因素，团队领导者一定要对其多加关注，提供情绪疏导和关心。近几年，大型互联网公司员工猝死的新闻频频出现，员工透支身体，除了影响自身健康，也会给公司带来负面影响。

错误的目标还有一个大隐患，就是不能真正组织起一个团结、有战斗力的团队。说到组建团队，两种极端的想法很普遍。一是认为组建团队很简单，拉好队伍以后定目标分战果就行了；二是觉得建团队很麻烦，人心隔肚皮，拧不成一股绳。技术好，能力强就能带好团队？现实真不是这回事。

你可以想象一下，那些武功高强的人真能带领军队打胜仗吗？十有八九做不到。刘邦有什么武功？宋江被 107 个好汉追随,他是武功最高强的吗?自身业务能力再强,如果不擅于为团队制定正确的目标,最后也不会获得成功。

领导者首先要学会制定正确的目标,而不是只满足于修炼自己的个人技能。武林高手即便打遍天下无敌手,也不一定能成为带领千军万马的将军。武功高强不一定能带队伍,因为单打独斗和带团队是两种完全不同的价值观和做事的方法。

能不能在让自己强大的同时,还能带领一批人实行团队作战,通过组织的方式获得项目的成功?这是有可能的。但是在这个过程中,领导者需要做自我修炼和适应,这是对你心智和认知的巨大考验。如何把自己的梦想和目标转化为一群人的共同梦想和目标,现实中这种转化经常失败。

⑫ 愿望不等于目标

在做事的过程中,不论个人还是团队都需要目标。大家从小就会定目标,但这里有个常见的误区,就是我们常常把愿望当作目标。

什么是愿望?比如"我明年想去西藏旅游""我想在30岁之前挣到人生中的第一个100万",你们说这是目标还是愿望?这是愿望,但很多人把它当成目标。对愿望进行具体化就可以变成目标，可量化、可具体分解的才是目标。给"我明年想去西藏旅游"这个愿望增加时间、地点以及其他具体描述，它就变成了目标。比如"我计划明年 7 月份带两个孩子去西藏旅行一周"，这就是目标。

"我想做直播带货赚钱"，这是愿望；"我计划明年 6 月前每天发一个作品，收获 100 万粉丝，5000 万播放量"，这就是目标。可量化、可评价、可分解的才叫目标，否则统统叫愿望，这就是目标和愿望的区别。

"我希望你今年的工作态度比去年好一点""我希望你的工作业绩比去年有所进步"，公司会下达这样的目标吗？公司从来不会下达愿望，公司的目标都是很具体的，比如：今年的新增客户要达到 200 个，销售收入达到 500 万元，销售费用降低 20%，客户好评率上升到 98%。

如果团队领导者给团队成员下达的是愿望，就注定了成员会扯皮。目标中不能有不可量化的东西、不可评价的东西，但实际中 80% 的团队下达的目标都会有不具体、不可量化、不可分解、不可评价、不可追踪、不可奖励等问题。如果在制定目标的时候就提出了一个不明确的东西，必然会造成团队成员之间的认知偏差。如果成员之间的沟通不够顺畅，就很容易产生误解和矛盾。团队中认知偏差的产生和没有制定清晰的目标息息相关。

我用了 12 年时间经历了天士力制药集团从几十个人到上万人，市值从几千万元到上千亿元的全过程，这一切是由每年 200~300 个具体清晰的项目目标来引导，一步步达成的。
清晰的目标有一种巨大的牵引力，指引着团队奋斗的方向，
帮助大家产生强大的内驱力并努力实现目标。

⑬ 让目标激发内驱力

　　我们常常听到团队领导者抱怨团队成员不好管理，家长
抱怨孩子不好管理。其实，只要需要去管理，就已经不是最
优解了。什么是最优呢？就是要挖掘、激发人自身内在的自
驱力。这么多年来在企业管理和团队培育的实践中，我发现
能够做出成就的往往是内心有梦想，用目标牵引行动的人。
我从他们的成功经验中总结了几句话：梦想要大，目标要小；
规划要远，目标要近；愿景可虚，目标要实；期望可粗，任
务要细。

　　目标有一个很重要的作用就是可以引导和激励人，激发
人内在的驱动力。人如果没有目标，就只能在原地打转，得
过且过，虚度人生。比如鲁迅先生，他出生在一个小地主家庭，
小日子比周边的人过得好多了。用现在的话说，就是有房有车，
有田有矿。但鲁迅先生有自己的人生理想和目标，就是救国
救民。于是他设置了去日本学医的目标，打算回来拯救国人
的性命。后来他发现用手术刀救不了多少人，思想才能拯救

更多人，于是弃医从文，用文字做武器，与不公的旧社会斗争，唤醒千千万万国人。鲁迅先生的人生目标都是为了实现救国救民的最终理想，所以他这辈子不可能白过，他为自己树立了远大的理想和目标，在目标的牵引下阶段性推进。

　　如果一个人有理想、有目标，无论他做什么，都能自动自发向目标推进，不需要被监督。作为团队领导者，要学会用目标来牵引、激发自己和团队成员的自我驱动力，达到事半功倍的效果。

⑭ 目标牵引，因人而异

　　我们在带团队时会遇到两种相互矛盾的人格，一种是依赖型，一种是自立型。没有什么人格是不好的，没有什么人是不能用的，就看你怎么用。不同人格类型的成员优缺点不同，要给他们分配合适的任务。一些已经确定好的、几乎不能变动的或不能自作主张改变的任务一定要交代给依赖型人格的团队成员去执行，他们会完成得很好。

　　比如，明天早晨去友谊宾馆接王总，带他去王府井购买北京特产，并于 11:45 之前送他到北京机场。团队领导者一定要把这样的任务交给依赖型人格的成员，他一定不会出岔子。但是，如果你把这个任务交给一个自立型人格的成员，说不定哪个地方就会生出变化。

自立型人格的成员只希望你告诉他结果，不希望你过问过程。如果你把这种事交给自立型人格的人去做，很有可能出岔子。他认为，王总就是想买点北京特产，我提前买好带过去，这样王总明天也能睡个好觉，我提前接王总去机场，别误机就可以了。自立型人格的人做事懂得变通，目的达到了，他认为结果很好。

但是，这个客户飞回上海后给我来了一通电话说："李总，非常感谢您将北京之行安排得这么好。但美中不足，我没能亲自看看这些年王府井变成什么模样了。"我赶紧解释："我原本特意安排小王陪您去王府井逛两个小时，买些东西，然后再去机场。您下次来，我亲自陪您去王府井。"

你看，客人在乎的不是北京的特产，他更在乎那两个小时在王府井的体验。自立性很强的下属，用自己认为妥当的方式办事，客人真正的需求可能就没被满足。什么样的人格类型都是有利有弊的，大多数领导喜欢自立自强的人，因为他们的自我管理能力强、自我驱动力强，对这样的人可以少操心少管理，特别省事。但是，如果他们自作主张又沟通不到位，很容易把事办砸。

在这个例子中，问题出在哪里？问题出在自作主张的下属身上吗？不，其实问题出在团队领导者身上，是他用人不当，不懂得应该把不同的任务派给不同的人。

面对依赖型人格的下属，团队领导者就要把目标进行层层分解，交待得更细致，不能只向他要结果，还要关注过程。对于自立型人格的下属，要给他们安排结果导向型工作，要求他们拿来结果就可以，不需要监控细节，他们需要的是方向性引导和资源保障。

当然不是只存在这两种人格，而是这两种比较普遍。什么样的人格都能为我所用，为总体目标服务，但要用对地方、用对场景。安排对的人做对的任务，用对的人实现对的目标，这才是领导者应该修炼的能力。

⑤ 以目标驱动的管理

有时候，我们在达成目标的过程中会忽略任务的根本，这怎么解释呢？如果我们按目标逐步完成了任务，但客户的满意度不高，那么这意味着任务完成质量不高，因为不论做什么，客户的满意度才是根本。我们在上一节举的例子就是表面上完成目标，实际上没有满足客户需求的情况。

我们想想这里面的问题，除了用人不当外，是不是目标的设定、分解、执行与最终要达成的结果出现了背离？只关注眼前的小目标，而与背后的整体目标有偏差，甚至背道而驰，这是很多团队在完成目标时常遇到的问题。正确的做法是既要着眼于眼前的小目标，又要思考小目标与整体目标的联系，小目标的达成要为最终完成整体目标服务。

很多人认为目标管理就是下指标、压担子，这是对目标管理的误解。定目标不是简单地分配任务。好多搞营销的团队领导者习惯把上级压下来的担子尽快甩给团队成员，比如公司给团队压了 1 个亿的任务，要团队在 3 个月内完成 1 个亿的销售目标，团队领导者不能给每个成员分配 200 万任务，50 个人刚好完成 1 个亿的任务，像撒胡椒面一样分配下去，这是大错特错的，团队成员十有八九完不成。

管理学界有一个很了不起的人物叫彼得·德鲁克，他开创了管理学科学。他最大的贡献就是开创了目标管理，英文叫 MBO（Management By Objective）。在这一基础上我提出了"以目标驱动的管理"（Management Drived By Objective），这和德鲁克先生的提法不同。

二者的核心区别是什么？德鲁克先生认为，制定目标以后就要围绕目标做事，把原来的流程管理变成结果管理，强调要拿出结果，这是对的。但德鲁克先生忽略了目标的一个重大作用，就是帮助组织和团队成员树立信念和决心。信念的驱动会彻底改变一个人的工作态度，把他们从被动的执行者变为主动创造价值的人。

公司都希望员工主动工作。那么，通过提高奖金等物质收入，能让员工主动工作吗？他可能会加班把自己份内之事做完，但不一定会热爱工作。员工没有信念的力量支撑，只会把事情做完，但不会做好。

驱动马斯克卖掉别墅住厂房去造火箭的力量是什么？是信念，是信仰，是一种更崇高的精神力量。这种力量就是让人自发朝着目标坚定不移迈进的驱动力。因此，不要把目标仅仅当成考核指标来看待。

一切物质的刺激都是有限和短暂的。当你真正遇到大咖的时候，你会发现，物质是不足以驱动他们的。如果你不用宏大的愿景和激动人心的目标来激发他们内在的野心，你就用不了高人，也组不成真正强大的团队。

有共同理想的人构成的团队能共患难，这不是理想主义，而是事实。但凡能做大事的团队，其核心成员全是这类人。从这一点来说，马云用理想、信念的最高目标凝聚和驱动了他的团队和他一起坚持打拼，克服了一个又一个困难，最终迎来曙光。马化腾也一样，最早他的创业团队的核心成员是他的同学和住在他上铺的兄弟。他坚信"互联网+"能改变世界，用精神信念的力量团结大家，而不是仅仅把目标用于分配任务和考核。如果只是从执行层面来考量目标，很难让员工充满士气和成就感。"改变世界"永远会激励很多人前赴后继、夜以继日地投入工作。

带团队要把设定目标这件事琢磨透。一个宏大的目标能够让人热血沸腾，能够激发人自我驱动，改变大家颓废或者躺平的心态，让人主动热情地做事情。其实躺平也好，颓废也好，彷徨也好，大多是因为缺乏奋进的理由和激情。应设定好的目标，用目标的牵引重新激发他们的活力。目标不只是管理工具，它更重要的作用是激发精神力量。以目标驱动的管理，以目标激发的管理，能够激发人、唤醒人，让员工自主、自驱，才能真正发挥目标在管理中的作用。

⑥ 目标设定的层次和体系

设定整体目标后，要把它分解成几个阶段性目标，在实践中一步一步实现。现实中我们常把目标设定得太单一，比如只看回款目标、现金目标，却忽视了与客户满意度、员工满意度相关的指标。你或许觉得一切都是虚的，钱才是真的。但是，只盯着钱，只盯着现金目标的达成，就会给你带来无穷无尽的烦恼。如果客户对你的交付物不满意要求退钱，你不但要把钱退回去，还会承受声誉的损失，这就是竹篮打水一场空。比如一些知识付费创业项目，很多都紧盯着拉新办会员，后续服务却跟不上，这就让项目成了一锤子买卖，无法长期维持。

不是项目不对，也不是行业不赚钱，而是对目标设定的分层出了问题。创业型项目第一阶段的目标不该是收多少会员，而是能吸引多少人体验参与，多少人自发传播。一开始紧紧盯着盈利，后续一切动作都会变形。这个时候你就走向了自我封闭，逐渐失去了开放性，也就更谈不上成长性了。

这就叫拔苗助长，把第二、第三阶段的目标变成了首要目标，把长期目标变成了短期目标，这是不是目标错位的问题？

除了要分阶段，目标设定还是一个体系，包含好几种想要达到的目的。比如第一阶段的目标可以包含消费者教育、消费者体验、消费者传播这三个分目标，达成以后再考虑产品本身有多少消费者采购。不要在乎短期的回款，优先考虑前期投入阶段、孕育阶段的指标，以及消费者体验、消费者传播、消费者认同等。第一阶段的分目标如果能较好实现，第二阶段的回款目标就实现得顺理成章了。

没有播种、没有浇水、没有施肥，庄稼就结不出果实，每一步都少不了。不要急功近利，总想做所谓的快速变现项目，因为短平快的项目肯定是不长久的。对有些项目一定要设定好阶段性目标，比如，短期目标是什么，中期目标是什么，长期目标是什么。

在设定了不同阶段的成长目标后，就需要持续投入。混序部落的王瑞在创立"混序樱月手制"项目后，集聚了不少支持她的粉丝，为了给粉丝提供多元价值和服务，她发起了混序大学社群，总愿景是运用混序部落的人际生态创造一个资源共享、学习成长、链接合作的价值平台。

她在第一阶段设立了好书共读项目，初步组建团队与大家共读经典，交流心得；第二阶段她与不同主题的学习部落合作，邀请学者和教授进群分享，并与知识 IP 合作提供有偿服务；第三阶段发起"请教授荐本书活动"，邀请赵士林、张千帆等教授为大家推荐好书，帮助小伙伴们在选书中少走弯路；第四阶段开展每周三线上线下同步的直播分享活动，吸引更多参与者形成更大的影响力；第五阶段开发混序部落－混序太学小程序，成为混序思想和混序品牌的集合平台，为全体混序创业者提供产品推广、品牌代言、IP 打造、信息服务等综合服务。随着不同时期的目标推进，混序太学的新项目和新机会涌现，稳步发展，每个阶段都为大家创造价值。

关于目标设定，我总结了三句话。

第一，规划要远，目标要近。规划要远，是说愿景和理想一定要高远。如果这个很"朴实"，就没有发展的空间了。理想很丰满，现实却很骨感，所以目标必须要近。消费者体验的数据和指标要全部量化，可实现、可考核。

目标要近，就是要先迈出一小步，给团队树立信心。事物发展是一个由近及远逐步推进的过程，就像在玩游戏的时候，地图需要逐步渲染出来。你没有走到那一步，前面的地形是看不到的。对于我们肉眼可及的地方，团队领导者要清晰地指导下一步，而对于暂时还看不到的地方是不可能做详细规划的。所以越靠近眼前的目标就越要实，越要细。在可见范围内，可以确定的东西一定要早确定，中期目标可以存在一些不确定性，远期目标就更倾向于方向性指导。随着目标的逐步实现，原本虚的目标就变得越来越实际了。

第二，梦想要大，目标要小。第一步的目标一定要小，如果梦想很小，而目标很大，你就搞反了。有人说"我们没有什么梦想，就是要赚钱，今年要赚一个亿"，这就叫梦想很小，目标很大，肯定要出事。为什么？如果你非要实现这一个亿，就像罗翔律师所说，你要走的路必然都写在刑法里，因为走寻常路是无法实现目标的，不符合事物发展规律，这就导致人们只能不走寻常路。

事物都是从小到大发展起来的。我们用常识判断一个项目是虚构和招摇撞骗，还是在真实打造可成长的事业平台，就要看其梦想大不大，目标小不小。如果目标很快落地并有阶段性规划，准备花费几年时间成长，那么，这就是比较健康的商业模式。一旦遇到宣扬快速变现、快速成长、爆富、月入百万的项目，要趁早远离。

第三，愿景可虚，目标要实。愿景就是带动人、驱动人的一种精神和信仰力量，它当然是虚的。天士力集团的愿景是"追求天人合一，提高生命质量"，这像不像神的使命？但每年天士力集团的目标可都是实的，让我压力大得头发快掉光了。

刚上市的时候，我的目标是每年销售收入增长100%，利润增长50%，净资产回报率20%……除了这些财务指标，我们还有社会责任指标：税收目标、就业增长指标，其中包括解决多少残障人士就业的指标。除了社会责任指标之外，还有环保指标、员工福利指标，比如每年给员工提供不低于15%

的工资涨幅。这些目标应该在每年年初予以制定。

目标是一个多层次的体系，它不是一张纸而是一本书。愿景可以虚，目标必须要实。每年我们都有各方面的评价和考核体系。董事会把目标层层分解到每个月，并且每个月都要反馈结果。带团队就能体会到怎么当家，就能学会如何承受巨大的目标压力。

带团队跟你个人单干可真不是一回事，从制定目标开始就是如此。只要方法得当，愿景、理想与目标一致，让员工们充分讨论形成共识和合力，你就不是一个人担担子，而是大家一块担。要做到让大家一起担担子，就要制定涉及各方面的目标体系，而不是用单一评价目标，评价项目的成败也不能只盯着财务目标。

比如一个 App 项目，在第一阶段确实没有多少客户，也没有完成多少销售额，但如果能在人群中获得品牌初步认知度，在行业中获得同行的初步认可，还在与几个潜在的投资人洽谈，即使当前的财务目标没有实现，我认为这个项目在第一阶段也是成功的，未来也很有发展潜力。

设立目标要综合平衡各方面的要求和关切，不能只突出财务目标，否则就是在扼杀团队的成长性和长期性。很多团队不重视目标体系的设立，把团队成员当成实现财务目标的工具，没有把他们看作有待成长的生命，更没有考虑他们的职业发展。要转变这一思路，需要团队领导者有更高的境界和立足点。

⑦ 将员工关怀和成长纳入目标

团队的和谐也应该被纳入目标管理体系，我建议在设置目标时可以补充一个"组织建设"目标。比如，每个月搞一次生活会，不聊工作和任务，只谈大家最近的生活有哪些变化、生活中有什么困难。团队领导者不一定有能力解决这些问题，但组织大家交流这些问题，员工就能感受到关怀。这是组织能力建设的一个重要方法。我们要借助团队成员的智慧，赢得团队成员的心，关注他们所关注的东西，以此来实现我们共同的目标。

一些领导说自己的员工不行，没有凝聚力、没有战斗力、没有执行力，我认为，这说明领导的管理有问题。会当领导的人会抓生活、抓情感、抓团队建设、抓组织能力，不是只抓业务。

目标是团队的指南针和路线图，目标制定的背后牵动了一切资源与机会。目标是团队和组织建设、凝聚、引领的灵魂。把目标设置明白，团队方向就不会错。目标驱动的组织始终具备主动性，因为目标跟每个人息息相关，不仅与实际收入相关，更与他们的成长有关，跟他们的精神需求、情感需求相关。这样的团队就是温暖的港湾。

谷歌的员工就有这种自豪感，谷歌给了员工 20% 的时间自主发起项目。员工自己决定项目目标，在公司内发起项目团队。员工以这种方式创造的成果可以申请公司的支持，员工享有内部合伙人的权利。与之类似，我在天士力集团工作时，也专门为普通员工设立了一个提案制度。任何员工都可以把他们发现的问题或者改进建议以提案的方式申报，由公司的提案专家委员会评审。对于合格的提案，公司赋予提案员工立项的权利，将该提案设立为 C 级项目，批准预算、出资并配备相关的人力资源，协助提案员工把想法变成现实。

不论是谷歌的内部项目制，还是天士力集团的员工提案制，都不把员工看成普通的劳动力，而是把他们当作人力资本，当作公司创新的智慧源泉。人才存在于适宜他们生存的土壤中，成长于关心和尊重他们的文化环境中。我们要给予员工尊重，尤其是尊重他们的个性，这就是未来要面临的最大的挑战。未来的年轻员工和团队成员尊重的不是官位，也不是权力，而是你在某个领域的成就，如果你能足够理解他，他就愿意跟随你。

世界不会像我们想象的那样按照我们的习惯发展。多元文化的冲击、心态和个性的差异，要求我们不能按照以前命令＋控制的方式带领与我们不同的人，否则只能是鸡同鸭讲。如果能把员工关怀指标、员工成长指标和员工创新指标纳入公司阶段性目标中，你的公司就更有吸引力了，你的机制和文化、目标和激励体系就比别人先进，更能吸引人才。所有的竞争背后都是制度竞争、机制竞争，而不是简单的利益竞争。你比别人更人性化，更能照顾员工自身的关切和需求，你就能在未来夺得更多年轻人的青睐。

　　未来企业发展的核心是以人为本，应该围绕这一点设立公司的各种制度和指标，并与财务目标、现金流指标结合起来，制定团队的共同目标，把目标愿景当作灯塔，引领团队一步一步实现。

　　被目标驱动的员工具有更强的主动性和积极性，这是把目标当作管理手段无法达到的效果，这点是我一直着重强调的。当然，在管理中对目标体系的分解、里程碑管理、时间管理、进度管理，这些是必要的常规设置。运用目标来做牵引，帮助团队成员树立目标感，激发人内在的主动追求成功的力量，正是这种力量帮助我们的人生从一个层级走向另一个层级，逐步达到令自己满意的状态。如果在这个过程中你还能带动更多的人，那就更厉害了。独善其身，兼济天下，人生在不同阶段追求不同层次的目标，永无止境，直到生命的尽头。

第7章

修炼四：
拆项目，抓灵魂

做正确的事比把事情做正确更重要。团队领导者带领大家在纷繁复杂的外部环境和激烈的市场竞争中以最小的代价走出一条创新之路，找到正确的项目需求，并采用正确的方法分解执行。这是产品经理的一项基本能力。有了正确的项目立项，才会最大限度地减少重复劳动，避免返工和资源浪费。项目的战略策划、战术计划、准确的资源配置和成员分工，基础都是对项目的分析和拆解。

团队成员分工也是困扰大家的问题。很多小团队在设立目标以后只是简单地做了分工，类似于"你做这个，他做那个"的口头分配。这种分工有点粗糙。合理分工的基础是要将目标和计划层层分解，因为通过分解才能准确地配置资源，才能知道钱该怎样用到刀刃上。如果在带小团队时，你能够掌握合理分工的方法，培养良好的工作习惯和步骤，以后带大团队的时候就不会慌乱，不会手足无措。

带大团队不外乎就是把小团队的范围放大进行操作。在带小团队的时候，在做相对简单的项目的时候，要掌握项目分解技能，为将来打好基础。你不可能永远做小项目、带小团队，要有带大队伍的思路，以小见大。从小项目、小团队开始，起步阶段就要给团队成员提供有关做事方法和步骤的训练，让他们学会运用工具解决问题。

做任何项目之前都需要做计划。做计划的逻辑是先总体，再分解，最后合成。本章讲的拆项目，就是按照这个逻辑给大家提供一些思维模式，包括结构化思维、闭环思维、第一性思维和紧急优先思维。在我们日常的项目管理过程中，还有一些比较常用的简单而有效的工具，比如 WBS、甘特图、PDCA 循环、SWOT 分析。把握项目的整体框架和节奏，能够帮助大家找到项目成功的"灵魂"和关键路径，帮助团队领导者胸有蓝图、心有所重，在仰望星空的同时，脚踏实地地推动项目走向成功。

最近几年，大家都感受到了移动互联网层出不穷的新产品给我们的生活带来的便利，其中网易云音乐堪称经典案例。在它刚刚诞生的 2013 年，在线音乐服务市场已经是一片竞争激烈的红海了，当时 QQ 音乐、百度音乐、虾米音乐、豆瓣FM 等产品已经占据了绝大部分市场。刚刚上线的网易云音乐通过项目拆解深度挖掘产品需求，及受众尚未被满足的痛点，低成本且快速地从竞争对手那里迁移了大量目标用户，它是如何做到的呢？

网易云音乐首先采用第一性原理，找到用户迁移的痛点，即用户不能免费下载他们在其他同类 App 上收藏的音乐列表。接下来，他们进行了 SWOT 分析，发现自身的优势是可以给用户提供免费下载，机会是需要在产品中加入新用户导入音乐收藏列表的功能。然后，他们通过结构性思维升级产品，上线了一键导入音乐收藏列表的功能，提供了 320KB（千字节）高品质音乐下载功能。最后，通过闭环思维让用户从其他同类音乐平台迁移过来，并主动分享、传播、转发，形成"马太效应"，带动更多用户进行迁移。

这个项目无疑是成功的，在产品经理王诗沐的带领下，团队用四两拨千斤的需求分析和项目拆解，避免了通过大量的版权投入和广告投放与竞争对手争夺用户。他们通过完成一键导入歌单这一"灵魂"任务，用非常小的成本为网易云音乐带来了近百万活跃用户。

⑴ 分阶段和范围

要分解目标，首先要把项目放在时间维度进行规划，无论是完成一个项目，还是一个临时活动。比如，办一个短视频号主评选比赛，这就是个典型的小项目。从什么时间开始？在什么时间结束？将其置于时间维度，才能让所有参与者安排好自己的时间。

其次，在规划一个项目的时候，还要设置一个大致范围，就是我们说的项目范围。项目范围包含时间和内容，内容就是大家要做的事。我给大家推荐一个实用工具，甘特图。先画一个坐标，横向代表时间，纵向代表内容事件。然后把项目放在甘特图里，假设项目需要 8 周时间完成，就可以写清楚第一周、第二周、第三周……第八周做什么，把内容层层分解，任务和时间构成一个二维结构，让团队成员对什么时间完成什么任务一目了然。这是一个最简单的项目管理工具，甘特图里的内容事件叫里程碑，还不是分解到最底层的任务。

我们仍以组织一次视频号主的评选比赛为例。这个项目首先要被拆成三个阶段：第一阶段是宣传招募参赛号主和建立评审团；第二阶段是评选，评选阶段包括初选、复赛、决赛；第三阶段是表彰和传播。真正的项目分解还需要继续细分，至少要具体到每个人每天的工作安排。

项目的范围要拆分为建立团队、人员招募、评委邀请、推广宣传、经费筹集、产品赞助、后续合作。项目范围的拆解就是把要做的事情拆成一个个结构化的模块，把主要工作做成列表，与时间进度形成一个二维结构，这样比较便于接下来的分工和工作安排。

作为团队的带头大哥，你不能当吃瓜群众，凡事不操心，只听领导指示。你现在是领导了，你要对工作怎么安排心中有数。项目分解就是让你心中有数的方法。我们不能完全依靠大脑记忆，而是要借助图表形成结构化思维，进行逻辑梳理和工作层次的分解。

⑫ 找出灵魂任务

　　在上一节，我们讲到做项目之前要把任务的目标和计划分解成好多层，随着时间逐步完成，这样我们对整个项目和任务的完成就有把握了。但马斯克的第一性原理不是这样，它的核心是直奔灵魂任务，完成不了灵魂任务，其他的只是躯壳。

　　所谓"灵魂任务"，就是一个事物的"命门""胜负手""关键变量""杠杆解"，换句话说，做事情要抓住主要矛盾的主要方面。我们先讲一个常见的鸟群现象。上万只鸟组成的鸟群在空中自由飞行，看似没有规律，没有统一指挥的"带头大哥"，更没有层级分明的组织动员，它们是如何飞出整齐划一的形状，并可以在 0.1 秒统一掉头，调整方向的？

　　科学家经过研究建造了一个模型，叫 Bird-oid 模型（于 1987 年提出的 Boid 模型用于模拟鸟的行为）。科学家用这个模型找到了鸟群的灵魂任务，即三个最简单的动作，分别是对齐、靠近和分离。每只鸟都会与相邻的鸟靠近，自动对齐，如果距离太近就自动分离。就是这三个不断重复的基本动作让看似复杂、没有任何头绪的群体行为变得非常简单。

每个项目、每件事都有灵魂任务。第一性原理就是找出并执行灵魂任务，因为灵魂任务是牵动其他任务的核心。所谓"牵一发而动全身"，那"一发"是什么，你要把它找出来。这"一发"就是第一性。

马斯克火箭项目的灵魂任务叫回收，不是发射。发射已经常规化了，发射的技术已经实现了标准化，但从来没有人做过回收。马斯克火箭项目的绝大部分精力、金钱和人才都放在回收上。这"一发"如果没"牵"成，整个任务就失败了。我们反复提到，一定要对任务做出排列和分解，那么，排列和分解不是简单的"排排坐，领果果"，自家的任务自家领，而是找到关键路径和灵魂任务，把最好的资源用于优先保障这些任务。

让我们再回到视频号主评选项目，大家认为这个项目的灵魂任务是什么？是选出冠军，还是吸引流量？都不是，是报名和招募选手参赛。这和马斯克的火箭项目恰好相反，所以我们不能硬套。如果创业、做项目生硬地套用教科书，那迟早会失败。我相信很多人会说这个项目的灵魂任务是评奖带货，不就是给评出来的冠亚季军推流量，带货变现吗？要不然瞎忙活什么？错！这不是灵魂任务。

决定这个项目成功的最重要因素是什么？这个因素不在后端而在前端，是吸引什么人来报名。报名人的质量决定了这个项目的成败，决定了最后能否选出大家心目中至少还过得去的心灵美、道德美、气质美、形象美的代表人物。报名人员的层次决定最后冠亚季军的质量，最终决定了这个项目在粉丝心目中的权威程度。每件事、每个项目、每个活动的灵魂任务都不一样，我们一定要具体问题具体分析。

总之，灵魂任务就是需要团队领导者和管理者亲自抓的任务，不能将其分配下去就再也不管，也不能轻易授权。我们做项目的任务分解到底是要干什么？是为了帮助团队领导者和管理者搞清楚什么是这个项目的灵魂任务，什么是第一性任务，他们要抓的核心任务是什么。另外，团队领导者找到灵魂任务之后应亲自落实。

⑬ 排出关键路径

任务分解完成后，接下来就是分工，要把不同的任务和不同的人匹配，还要明确每个人的任务是否到位。很多团队领导者分配完任务就觉得万事大吉了，其实这有可能才是麻烦的开端。团队领导者的正确做法是把任务之间的关系搞明白，哪些是主攻任务，哪些是协同任务，哪些是主线任务，哪些是分线任务。

就像打仗一样，什么时候声东击西，什么时候围点打援，怎样围魏救赵，兵法都写得很明白，这就是战争的任务分解。是佯攻还是真攻，侧面包围还是正面进攻？这些都是分解任务后根据优先级进行的不同层级的安排。做任何事情都与之类似，不能眉毛胡子一把抓。分解完任务后要排出优先级，找出主要矛盾，优先级任务应考虑分配给优先级人物负责。

在项目计划阶段，大家可以用一个常见方法找出完成任务的主要节点和关键路径：一是把所有分解出的任务进行编号；二是找出任务之间的相互关系；三是把有前后关系和并列关系的任务按时间顺序画图表示，这个图就是项目管理中的专用工具网络图；四是在图中把用时最少的线路找出来，我们把它称之为关键路径，在这一路径上的所有工作都需要给予优先资源保障。

比如，带团队给客户设计一款定制礼品，我们把任务初步分解并编号：

1. 客户需求调查，搞清楚大多数客户喜欢什么礼品；
2. 礼品设计，分解为 2.1 初步设计、2.2 定稿设计；
3. 礼品制作，分解为 3.1 供应商选择、3.2 样品制作、3.3 批量交付；
4. 礼品发放。

根据上面的任务分解，我们基本上可以看到哪些任务是可以并行的，哪些任务是有前后关系的。比如客户需求调查就必须先于所有任务尽快开始，而礼品的设计必须要先于礼品的制作展开。我们还可以看到，在礼品的初步设计阶段，可以同时推进对供应商的筛选，甚至在设计阶段就可以邀请供应商介入，给礼品设计提供可行性建议。

因此，在这个项目中，在礼品设计阶段就邀请供应商参与，是最重要的。决定这个项目成功的最核心要素就是供应商要提前介入产品设计。在过去的实践中，有很多类似的项目就是在这一点上交了学费。他们等到设计方案定稿后再通过招标的方式寻找供应商，但是设计团队并没有考虑到制作工艺和材料能否实现设计构想，也没有考虑到成本，因此大量定稿的设计无法在制作中实现，导致重复设计、反复修改，使项目延迟交付。所以通过网络图的方式排优，抓重点，可以帮助团队领导者把事情一次就做对。

④ 能胜任的人做要事

在安排优先级任务的时候，人选的忠诚度重要还是能力重要？有能力把事做好的人不是太忠诚，有点滑头不好掌握，你用还是不用？有人说当然要用既可靠又有能力的人，这未免太理想化，刚建立团队的时候哪里有这么完美的人跟着你。

现实情况是，能力强的人有很多靠不住，执行力强的人独立完成任务的能力不足。在这种情况下，是将任务交给有能力但靠不住的人，还是执行力强但能力欠缺的人？

大部分团队领导者会交给执行力强的成员去做，但结果往往是中途需要团队领导者亲自负责或者换有能力但也有个性的人接手。不同的任务要匹配不同的人来完成，分解任务会帮助团队领导者和管理者知人善任。只有先了解了不同任务的难度和重要程度，才能安排合适的人，这一点我们会在识人用人的章节中专门讨论。

　　能力强的人态度不积极，态度主动的人能力欠缺，这种情况并不少见。如果任务的挑战性有点高，难度有些大，那就能力优先。很多人习惯把重要的事交给自己的兄弟干，因为兄弟忠诚。但这就相当于一个传声筒，他随时都要问你下一步怎么办。他的态度积极，也很可靠，确实是你的亲信，但遇到变化不敢自己做主，容易贻误战机。这类人面对变化时应变能力差，因为他们习惯于听命令行动，没有指示就不敢动。我培训过的创业团队里很多失败的案例就是败于这一点，他们把人和事的对应关系搞错了。所以除了灵魂任务要由团队领导者亲自负责之外，带有不确定性的次要任务，要授权给有能力胜任的人。

⑤ 敢于授权，但不放羊

　　灵魂人物抓灵魂任务，不能对所有任务面面俱到。第一性原理就是让团队领导者和管理者抓最核心的任务，将其他任务分配下去。即便存在做砸了令客户不满意的风险，还是要放手让团队成员去做。不给他们犯错的机会，他们永远不能获得成长，永远肩负不起重担。

团队领导者亲自抓最重要的事情，在一些比较紧急的次要环节，如果自己脱不开身，要敢于交给团队成员完成。比如，项目中有个很重要的环节，跟客户谈合同细节，谈判是不是有一定的变数，是不是需要一定的谈判技巧，是不是要有临场应变的能力，是不是需要快速决断的能力？团队领导者此时应该派有经验、有能力、应变能力强的团队成员，而不是听话的成员。

如果客户提出新条款，在交付物里附加条件，可行吗？付款能不能分期？面对诸如此类的问题，如果你派去的成员没法做出决策，时时都要问你，客户就会怀疑你是不是不重视与他们的合作，派来的人级别不够，什么也拍不了板。那么你对人与事的错配就有可能带来重大损失。

还有一个有关任务分解的问题也很常见，完成任务分解后，团队领导者是彻底"放羊"①还是亲力亲为？实践经验告诉我，这两种方式都不太妥当，真正好的方式是既要放手敢于授权，也要有一定的监督和支持，不能走极端。完全放手存在很大的风险，如果团队中有一个成员任务完成得不好，又没有及时跟你保持信息同步，当你发现时很可能已经无力回天了。

---

① 放羊，网络用词，意为自由散漫、毫无目的的行为或状态。——编者注

另一个极端就是团队领导者亲自盯每项任务的步骤和细节。这会产生什么后果？除了把团队领导者自己累得半死，还会让团队成员觉得你怀疑他们的能力，没有给他们锻炼的机会。这不利于团队建设，更不利于团队成员的成长。要容许团队成员经历对工作从陌生到熟悉，再到完全驾驭这一过程，要给他们成长的时间和试错的空间，这是一个培养团队的过程。所以，任务分配和执行的过程也包含了合作精神的培养和识人用人的实战检验等多项目的。

⑥ 任务清晰，责任到位

团队执行力也让很多团队领导者头疼。据我观察，执行力不光是团队成员的问题，团队领导者、项目经理、产品经理也有很多组织行为导致了团队执行力低下。很多人简单地把执行力归结为团队成员或下属的意愿问题，认为是他们不愿意认真做事，工作没有积极性。人有认真的时候，也有不认真的时候，无论是团队领导者还是团队成员。为什么成员做事不肯投入？一部分是激励问题，一部分是制度问题，还有一部分是管理问题，这一节主要从团队执行力入手讨论背后的管理问题。

执行力是一个大概念，针对不同项目，每个团队表现出的具体问题不同。但判断团队执行力高低的底层逻辑很清晰，比如任务描述是否清晰，责任是否落实到人等。现在我们就来探寻影响团队执行力的原因。

影响团队执行力的主观原因各有不同，每个人心态不一样，做事的动机也不一样，只能具体问题具体分析。除了主观原因，管理方法也影响着团队执行力的高低。大家都知道，一切看得见的现象是由背后看不见的底层结构决定的。我们看见一棵树长得很高大，结出的果实很丰硕，但是我们看不到这棵树的根是怎么长的；我们看到一栋栋高楼可以抵抗台风和地震，但我们不知道这些楼的地基是怎么打的。楼的坚固程度并不由装修的豪华程度决定，而是由地表之下的地基决定的。船只在航行途中遇到一座冰山，有经验的船长都知道冰山隐藏于水下的体积可能是露出水面的部分的几十倍甚至上百倍。当你看见露出水面的那部分冰山时，你们已经处在危险之中了。

同样，在执行力的底层结构中，大多数管理者没有注意到，制订计划时对未来的假设和预测是会变化的。任务的边界会随之出现变动，有些会出现任务的重合，有些需要新增加的任务，但不能及时补充，这就会加大团队工作的难度，容易导致混乱和大量的浪费。

因此，在执行力的冰山下，团队领导者需要时刻关注各项任务内容和要素的变化，在变化到来时快速调整，划定任务的边界，重新配置相关资源，这样才能确保团队成员在执行任务的过程中随时掌握各自任务的边界，始终对交付物的质量和时间承担完全的责任。清晰的任务内容才能确保责任的有效落实。

团队成员要能够随时随地明确各自的目标和任务，保证项目推进过程中的信息同步，这样才能达到团队的高效协同，提高团队的执行力。

⑦ 结构化思维

管理研究的是什么问题？一是研究人，如何激励和调动大家的积极性；二是研究事，研究事背后看不见的规律。团队中的组织、分工、流程、协同、权变，这部分规律是通用的。拆项目就是把看起来很复杂的项目按照整体 – 部分 – 整体的逻辑进行拆解和细分，拆解成段，再分段完成，最后把这些完成的任务重新镶嵌在一起。先拆后装，效率就提高了。

在发起项目时一定要进行拆解，拆解以后才能对项目的时间进度、资源需求、交付质量、人力资源匹配做到心中有数。拆解后找出哪些任务是主要的，哪些是次要的；哪些任务是优先的，哪些是可以排在后面的；哪些任务是需要团队领导者亲自做的，哪些是可以安排其他成员做的。拆解有利于团队成员了解项目内部的结构和不同任务之间的关系，有利于团队领导者合理匹配人与事，同时掌握整个项目的结构，还有利于团队领导者把握重点任务，发现难点和卡点，予以重点突破。

很多人做事经常抓不住重点，因为重点常常隐藏在一堆繁杂的事务中，要抓重点就要先分类，很多人在分类和拆解这一步就被难住了。事物往往不是平面结构，需要在二维、三维上分层，在时间维度上分段。如果没法对任务进行有效分类和拆分，就只好什么紧急就抓什么，能抓住什么就抓什么，工作永远像在救火。很多情况下那些紧急的事情并不是任务的重点，如果一直处理紧急问题，你就永远解决不了最核心的问题，推动不了项目的关键进程，只能丢了西瓜捡芝麻，头痛医头，脚痛医脚。下一小节会介绍对项目进行分类和拆解的工具，帮助大家解决这一问题。

很多团队成员在拿到项目时第一反应是"这不可能"。我经常听到这样的反馈：害怕努力了还是失败；因为自己能力不够强，所以还是不参加了；自己比较笨，害怕别人失望；说起来容易，做起来难，我最好还是不做了；我没有信心，怕对不起大家……这些就是我们的惯性思维带来的误区。大部分人习惯高估目标的困难程度，将行动限制在想象之中，对要开展的工作怀着对未知的恐惧和自我怀疑。

我们可以通过项目拆解→消除未知→降低成本风险→分解步骤这四个阶段来提升结构化思维，提高解决问题的能力。把问题导向变为目标导向，把长反馈周期的活动变成短反馈周期活动，在完成每一个小目标后给自己一个奖励，让自己在任务的推进中逐步接受风险，逐步建立信心，敢于尝试自己曾经害怕的事情。

⑧ SWOT 分析定位思维

关于拆解项目，我给大家介绍一些方法，着重讲解任务 – 资源 – 时间约束下的四大工具和思维，分别是 SWOT 分析定位思维、WBS 结构化思维、PDCA 循环闭环思维、TPM（全面生产维护）优先紧急矩阵。通过定位、分解、闭环、优先的工作方法，本着"把大事做小，把小事做大"、担当重要任务、授权紧急任务的原则，把 80% 的精力和资源放在最重要的 20% 的目标和任务上。

第一个要讲的工具是 SWOT 分析。它能帮助你找准项目的竞争优势和劣势，我们叫它定位思维。这是一个非常好用的经典工具，可以帮助你拆解项目，分析你的公司或产品在整个行业中的定位，找准所处阶段的机会和风险，从而把握应该往哪里投入，往什么方向推动。

SWOT 分析工具中，S 代表 strengths，优势和强项；W 代表 weaknesses，弱势和缺点；O 代表 opportunities，机会；T 代表 threats，威胁。什么叫机会？我们常说，风口之下猪都会飞，那这算不算机会？大家都有的机会就不是机会，我们要分析的是针对项目的具体机会。比如，开发一款家务劳动健身 App，这里的机会更多是要分析个体在做家务的场景中，能不能把家务动作变成一种健身活动，这种把日常劳动通过 App 的指导和管理转化为健身的市场需求是否存在或足够大，据此来判断是否有机会。在分析威胁的时候，不光要考虑竞争对手，还要考虑政策、技术和流行方向的变化，还涉及来自更宏观层面的潜在风险，这一点比较复杂。

比如大家熟悉的教培项目，优势是能够快速回笼现金流，劣势是会给家庭增加一些财务负担，对于收入低的家庭来说，这一费用并不低。机会当然就是这个行业的需求旺盛，越来越多的人愿意为孩子的教育买单。

威胁是大量需求引发的市场无序的发展，资本进入后的迅速扩张，冲击着义务教育。大家都拿钱买知识服务，导致义务教育空心化，这是一个巨大的威胁。之前大家没有分析到这一宏观层面。如果国家的正式教育体系不能成为教育的中坚力量，需要家庭为教育普遍额外付费，那么培养孩子的负担就会越来越重，直接影响生育率。大家养不起孩子了，所以很多家庭连孩子都不生了，这就影响到整个民族未来的发展了。

这个行业从发展趋势来看是蓬勃向上的，否则就不会有那么多资本入局，也不会有那么多上市公司。但它背后威胁的是整个国家的可持续健康发展，所以必然会受到打击，这也提示我们在行业蓬勃发展的时候一定要准备 plan（计划）B、plan C。

SWOT 分析工具不仅能够分析行业、产品、企业，还可以分析小项目、小微 IP。比如做视频号内容，很多主播在拍摄作品跟大众交互的时候，会发现之前的一部分优势会变成劣势。比如以前自己的优势是展示自己、表达自己，但当你的作品要获取大家认可的时候，你就要考虑大家关注的是什么，大家的痛点是什么，需求是什么。如果你的声音能够代表他们的心声，你就能够获得更多关注和支持。因此从坚持自我到为大众服务的时候，不能太以自我为中心，当你能够发出听众和粉丝们想表达的内容，你才会受欢迎，获得大众关注和认可。

做品牌 IP 和自媒体项目，了解和分析自己的优势和劣势对于进入这个领域的小白来说非常重要。在互联网时代，有很多名不见经传的普通人崛起了，他们非常知道自己的优势是什么，用优势巧妙地盖住了自己的劣势。

他们来自大众，了解大众的需求。他们表达的是大众的情感，非常接地气，有针对性。他们的作品往往比较感性，深耕一个垂直方向，把自己的优势发挥得非常充分。他们能够脱颖而出，更因为他们敢于打破常规。而打破常规恰恰是已经功成名就的人的短板，对于功成名就的人来说，过去的成功和路径依赖以及形成的思维模式，是他们的手铐和脚镣，是束缚和捆绑他们的无形枷锁。

⑨ WBS 分解结构思维

第二个帮助我们进行思维结构化的工具叫 WBS，或者叫目标任务拆解。我提出一个方法，叫"把大事做小，把小事做大"，其实源自"天下难事，必作于易，天下大事，必作于细"（出自《道德经》第六十三章）的思想。先抓住能确定的东西，把任务拆分到易操作的程度，再逐个完成。这样就容易做到知行合一，可以显著解决行动力不足的问题。过去常常看到不少创业团队在"说"上面花费太多时间，在"行"上面迟迟迈不出第一步，WBS 就是用来打破这个局面的有力工具。

什么叫"把大事做小，把小事做大"？对于我们认为不可能完成的、有挑战性的、从未做过的事，只敢想不敢动，想得多做得少，学得多干得少，思考过多行动过少。WBS 解决卡点核心的方法就是拆解。W 代表 work，就是任务、工作、目标；B 代表 breakdown，break 是打破击碎，breakdown 就是拆开、分解；S 代表 structure，即结构，拆开以后做出结构化整合，再重新把它们连起来。这就是"把大事做小，把小事做大"的方法。

每个人面对的大事、难事是不一样的，有个创业者一直做线下实体，后来想转到线上，对他来说转线上就是个难事。他觉得自身的条件不具备，做这件事困难重重。WBS 分解结构思维是要我们逆向思考，从目标和任务倒推要做这件事需要准备什么，争取什么，引进什么，联合什么，第一步从哪里入手。

有些人能做好从零到一的事，他的思维与我们分派工作不一样。他不纠结于能不能做，而是怎样才能做。解这道题需要什么资源、什么人、什么知识？我还有哪些条件不具备？把难题逐个分解，找到其中的关键活动、关键资源和关键结果，逐一攻克。拆开以后，问题由难变易，最后一组合，你会发现这道难题已经被解决了。

有个创业者想通过短视频打造个人 IP，请我帮他做项目分解。视频内容创业，需要分解为视频、文案、图片、模板、配音等具体工作，我要先了解哪些工作是他自己可以做的。他原来做投资工作，不会写文案，不会做音效，但他能够完成视频和图片的拍摄部分，那么他需要再找几个人形成小团队，解决文案、音效、编辑的问题就可以了。后来他找到了两个人，一个人负责编辑和文案，一个人负责营销和音效，他的自媒体项目就顺利启动了。

还有一个创业者想开网红直播店，他的项目应该被分解为哪些部分呢？开网红直播店需要先解决选品问题以及找网红的问题，也就是卖什么和流量的问题。然后需要解决运营问题，包括找平台、谈合作、获得平台的扶持、获得供应链的配合、创造爆品，还需要事件营销策划，这些都是第一层次的分解。第二层次的分解要针对第一层次的任务再进行细分，比如选品就要分析竞品、分析潮流、找货源、找供应链、做客户画像。第三层次的分解要对第二个层次的任务再进行细分，比如分析竞品包括信息收集、爆款分析、购买偏好等。

我曾担任过中国核电集团的项目管理顾问，给他们做核电站建设项目评审。这个项目的任务分解书是几大本，至少分了 16 层任务，涉及 10 年的任务分配和工作量。它是在动态中进行的任务分配，这非常难操作。普通小团队可能碰不上这么复杂的项目，但做大项目的方法和逻辑与做小项目是一致的。

这就是我们说的 WBS。大家是否觉得项目被分解后就不像起初面对整个项目时那么令人恐惧了？ WBS 的分解结构思维是帮我们消除恐惧的一个手段和方法，也是帮助我们降低不确定性的工具和方法。项目分解以后，我们逐个突破，像蚂蚁啃骨头一样，逐步推动。原本挺复杂的事，变容易了。

把大事做小，就是把大项目拆解成小任务逐个完成；把小事做大，就是专注于拆分出来的小任务，按步骤逐个解决，最后像拼拼图一样组装起来，整个项目就完成了。如果发现还有你的团队暂时完不成的任务，就邀请能做到的人加入团队，或者寻找合作。

很多大神级人物也在使用结构化思维进行组合创新。比如乔布斯，他把现有的技术打破、拆开、重新设计、升级、组合。他不做具体的某一块零部件，而是把各种重新设计和整合的功能放在一个没有键盘却功能齐全的手机里。iPhone 就是这样诞生的，其中大部分技术都不是全新的，而是组合创新。

还有一位灵活运用 WBS 的大神就是埃隆·马斯克。我看过他的团队做火箭的视频，他们把不锈钢桶一层一层焊上去，焊成一个大圆柱，在圆柱上面一层层贴上像瓷砖一样的防高温防摩擦材料，再给它装上发动机、控制器、导航装置等。看了这个视频后，我们能一下子感到航空航天项目不再那么遥不可及和高不可攀，他们的工作任务也是被拆分成每一个容易完成的小任务逐个完成的，这样想来就不那么神秘了。

真正厉害的人就是能始终如一，把想法付诸行动并坚持执行的人。人都有对未知的恐惧、对自我的怀疑，都会陷入思维定式的误区，解决方法就是练习用结构化思维解决问题的能力。拆解问题、消除未知、分解步骤、控制成本与风险，把"这不可能"变为"我该怎么做"，从分解出的小问题开始逐个解决。结构化思维帮助你克服对未知的恐惧，是你和团队不断成长的好帮手。

消除未知的过程，就意味着把分解出的任务按照风险和成本从低到高的顺序排列，从低成本或低风险的任务开始逐个解决。在了解成本和接受风险的同时，期望也要与你目前的能力相匹配。在逐个完成任务的过程中，把时间导向改为小目标导向，长反馈周期变为短反馈周期，每完成一个小目标就给自己一个奖励，快速反馈会让你沉浸其中，养成走向成功的良好习惯。

⑩ PDCA 循环闭环思维

P 代表 plan，计划；D 代表 do，行动；C 代表 check，检查；A 代表 action，改进。完成一个完整的任务需要从头到尾形成闭环。PDCA 循环强调大家完成一个阶段的工作后要复盘检查，重新升级迭代，完善后再行动，行动后再检查升级，它的底层逻辑叫闭环思维。我们不仅要明白如何使用工具，还要了解工具背后所代表的思维模式。明白了思维模式，你就可以灵活自如、因地制宜地使用工具，而不是简单套用。

大家主要关注 PDCA 循环中有关 C 和 A 的部分。在一些项目的推进中，人们有时候会忘记过程的检查和纠偏，等到事情都要做完了才发现有重大遗漏，或者出现了重大偏差。在很多项目中，都是因为没有重视检查导致返工。我经常强调，要先做正确的事情，正确的事情从哪里来？不是从想象和计划中来，而是在 PDCA 循环的闭环中通过阶段性的检查和纠偏逐步让其显现。

另外在项目执行过程中，还存在一些大家经常感到头疼的沟通问题、协同问题，很多都是由项目成员缺乏闭环思维，缺乏及时沟通和反馈造成的。比如每个人被分配的任务是不同的，但任务和任务之间相互联系。拿短视频项目来说，拍摄和剪辑以及文字和音乐的后期处理就需要团队成员的密切配合，有时候还需要同步进行。如果负责拍摄的成员没有及时把素材转交给剪辑成员，就会导致项目延期。如果剪辑成员不能与配文字和音乐的成员同步，就有可能造成大量工作的重复和资源的浪费。

如何提高团队效率，减少低效投入和重复浪费，就是要让每个团队成员养成闭环思维下的工作习惯。比如，工作完成以后要报告进度，节点达成以后要向团队成员进行信息同步，不要怕麻烦。高效率的团队都是在各自的行动中动态协同的，没有信息同步，就有可能造成无效等待和遗漏。大家都知道，决定一个木桶装多少水的是它最短的板，只要有一个成员没有形成闭环，这个木桶就装不了更多水。

⑪ TPM 优先紧急矩阵

完成任务分解后，接下来要把所有层次的任务以列清单的方式排列出来，在不同层次找到优先级任务，然后再进行资源配置和人员安排。除了前文提到的项目负责人亲自抓灵魂任务以外，还需要通过优先紧急矩阵安排具体工作。我们可以应用 TPM（全员生产维护）优先紧急矩阵，把任务分为重要和不重要，紧急和不紧急，这样就形成了四个象限：重要紧急的工作、重要不紧急的工作、紧急不重要的工作和不重要不紧急的工作。我们应分别对这四个象限的工作任务进行不同的管理。

比如，混序太学线下分享活动要邀请一位大咖进行分享。这个项目初步分解为确定主题、邀请嘉宾、制作海报、宣传发布、流程设计、主持人招募、器材准备、场地布置、分发海报几项工作。既重要又紧急的任务是确定主题、邀请嘉宾、制作海报、宣传发布；重要不紧急的任务是流程设计、器材准备；紧急不重要的任务是分发海报，不重要不紧急的任务是场地布置。这样分类以后，重要又紧急的任务就呈现出来了，只要把握住主题、嘉宾、宣传和发布，项目就成功了 80%。

任务的优先排序不仅能让我们在有限的资源和时间的约束下完成任务，还能够让我们打破快、好、省的"不可能三角"。每个项目都会面临经费的限制和预算的约束，任务完成的质量也受到团队成员的素质、能力、经验、认知的限制，时间越长要承担的风险和成本就越高，所以几乎每个项目都不可能又快又好又省地完成。

如果只想达到最好，就要增加预算和人手，延长交付时间；如果想要达到最快，就要增加投入，降低对交付质量的要求；如果想花小钱办大事，怎么省钱怎么来，就要牺牲交付物的质量，甚至忍受项目的拖延。因此，用好优先紧急矩阵，能够让我们把有限的资源和关键的人才放在项目最核心的部分，避免主次不分和平均主义带来的时间和精力的浪费。把最重要的资源分配给最重要的事情，你就抓住了项目成功的关键。

第 8 章

修炼五：
多激励，少控制

我们常听到一个词"本事"，什么叫本事？我不知道你们怎么理解这个词，我认为本事不是指名校毕业，或者有权有势有财力。真正的本事不局限于个人能力和技术水平，而是能够团结一批人共同完成任务。

这种本事是每个普通人通过训练和有意识的培养都有可能实现的。这种本事是平等的，而且是本自具足的东西，它就"沉睡"在我们的本能里，需要通过有意识的培养被唤醒。驱动几个人一起做些小事，就拥有了小本事；驱动更多人做大事，就是大本事。不求所有，但求所用；不求所在，但求有为。天下人都可以为我所用，你在什么位置，居于什么样的地位，都不影响你有所作为。

为什么要用"本事"这两个字作为本章开头？因为这两个字里包含了我们本章要讲的两个核心，一个叫激励，一个叫控制。换成咱们老百姓的话来说，一个是胡萝卜，一个是大棒。控制是带有一定的强制力量的，就是我们说的大棒。你要引领大家实现共同目标，需要两个最主要的方法：激励和控制。中国文化里关于驱动人们做事，常用一个字叫"治"，有自上而下之意，用现在的话说，其实就是如何管理。

在讲到团队管理的时候，要着重强调团队与集体是不同的。虽然二者都是聚集一批人做事，但本质上有完全不同的内在规律。集体是通过垂直的命令与执行、领导与服从，以强制力驱动的，因此对集体的管理以控制和惩罚为主。团队是相互平等的个体因共同协商形成共识而采取共同行动。团队领导者并不是传统意义上的领导，而是由大家共同推举和委托的临时召集人和组织人，他对成员的约束力来自大家的授权。团队的性质决定了团队管理更多要以激励为主。团队的控制是为了保证项目能够顺利进行而坚守的底线和红线。

⑴ 激励要因人而异

激励在 MBA（工商管理硕士）课程里被分成几堂课来讲，讲的都是西方对于激励的一些科学认知，中国人在实际操作中对激励也有自己的认知。无论如何，要想激励到位，首先要搞清楚你的激励对象到底想要什么，否则你用什么样的激励方法都是错的。

我们经常会用同一种方法来对待不同的人，比如，我们不停地涨工资，但大家的满意度提升幅度越来越小。有人说肯定是工资越高，员工的积极性越高，对公司的认同度、敬业度也会越高，工作中越负责任，实际上这是不成立的。很多时候钱发得多反而会起到反效果，形成负激励。因此，激励实质上是一个心理学问题、社会学问题，不只是个经济学问题。

刚才我们说过，激励的第一个原则就是要了解你的激励对象的需求。道理很简单，但是在实践过程中，大家通常不会因人而异制定不同的激励方案，而是采用大锅饭式的激励方法，比如普调工资。普调很可能会起反效果，我们不妨提一个问题：普调到底是要激励什么？

如果你想奖励表现好的员工，那么为什么表现不好的员工也能得 10 000 元？如果你要奖励贡献大的员工，那么为什么吃里扒外的员工也能得 10 000 元？你到底激励了什么？那些落后分子、好吃懒做的员工不用努力工作也可以拿到跟优秀员工同样的奖励，为什么大家还要辛苦工作？我摸鱼就好了。

普调是你释放的错误激励信号，还不如把钱用于设几个不同类型的主题奖励，谁能达到就给谁，鼓励大家向上做事，向上努力。激励一定不是吃大锅饭，不能人人有份，一定要因人而异。

我在《企业项目化管理》《触变》中对这方面有详细描述，包括怎样才能实现公平激励，前提就是要区分每个人的不同贡献。有人认为贡献不好评估，项目是由大家一起完成的，很难量化个人贡献，只能大概根据不同的等级分配不同的比例。

团队初创期采取粗放式管理是可以的，那时不用搞得太精细。但发展到一定程度，比如团队有了几十位成员，粗放式管理就不适用了。团队里只有几个人的时候是可行的，这时候的激励更多是靠你对成员的了解。因为每个人每天都能和你见面，你能够观察到他们每天在做什么，不需要一个经理或总监向你汇报，你直接就可以评价他们。团队发展到几十人以后，你不可能天天盯着每个人，此时就需要部门经理，至少需要一个小组长，通过中间层级评价员工。这个时候团队就不能靠大致分类来做激励了，就需要细化和量化。

② 奖励业绩，更要奖励态度

关于激励主要有三个原则，并不深奥。第一要因人而异，第二要杜绝吃大锅饭，第三要将激励与贡献和态度挂钩。大家可能会有疑问，激励与贡献挂钩就可以了，为什么还要用态度来评估？

有些人是有贡献，但他随时可以跳槽，对公司没有忠诚度和认同感，这一现象在营销类团队里比较突出。因为这类员工卖出多少东西拿多少提成，对组织的向心力其实是很弱的。有些人虽然能力不是很强，但对组织的认同度很高，有德但才能不足，团队一定不要把这些人简单粗暴地忽略了。不要因为只考虑贡献大小，而忽略了那些一心一意跟你一起奋斗的人，对员工做激励的时候一定要顾及他们。

很多企业内部管理混乱，出现各种管理问题，都是因为自身政策与人的匹配出现了错位。如果只把业绩作为评判标准，使用单一的激励方式，你就会失去那些忠心耿耿但是目前业绩略差的伙伴，而这些人才是你长期持续发展的基础。

那些业务能力特别强的人是很容易脱离组织的，因为他在哪儿都一样受欢迎。到了一定程度以后，他会认为自己对公司的贡献很大，无论公司给多优厚的待遇都跟他的贡献不匹配。而公司认为他再有本事，业绩也是大家共同努力的结果，只是他比较突出而已，而且并未突出到天下是他打下来的这种程度，公司不会因为某个人的能力强就否定了其他人的贡献。现实中公司和能人的预期与评判是很难匹配的，无关对错，而是因为他们站在不同角度，不存在一个绝对科学和公正的评判。人们往往会高估自己的贡献，低估队友的贡献，这是人性，是不可避免的。

你想让能力特别强的人对自己的贡献保持低调、保持客观、保持谦让，现实中存在这种人吗？存在，但实在是太难碰到了。所以大家不要心存幻想，不要幻想你公司的高手都能具备这种品质。人性永远是不满足的，这就需要合理管理人的预期。适当降低能人的预期，欲望也是可以被管理的。

③ 调整预期，管理欲望

如何调整预期，管理欲望呢？这就需要给这些能力强但自我预期很高，甚至随时要和公司谈判的人的预期"降降温"，让他们回到客观冷静的自我评价中。因此团队领导者和管理者必须要给他们安排一些挑战或者挫折。

具体怎么做呢？不妨先把他捧上去："你是我们的销售冠军，太牛了！但有一些员工不服气，认为你的业绩好是因为被划分的区域好，都是一线大城市，大客户多，如果他们也能在你这个位置，会比你做得更好。他们认为不是你能力强，只不过是因为你运气好。"

这个时候销售冠军肯定会反驳："业绩好当然是因为我能力强，领导您应该最清楚，谁在我这个位置都做不出我这样的成绩。"你这时就要告诉他："这一点光我清楚可不行，你要证明给大家看。我给你半年时间，去三线城市拓展业务，你如果能把这个市场做起来，其他人就得闭嘴了。"

如果这个人真的有进取心，你可以继续加筹码："如果你一年内能把三线城市的中小客户做起来，远超公司的平均水平，我明年就直接把你升为营销副总。"如果他敢于接受这个挑战，可能他很快就会发现，他之前取得的所谓的成就并不是因为自己有多强的能力，很大程度上确实是因为他被分到了好的市场区域。有时候，这些人就需要这样的机会重新认识自己，这也是一种管理方法。

其实做下属的艺术和做领导的艺术是一个硬币的两面，现实中很多不成功的领导也不是一个成功的下属，他们一旦走到领导岗位上就会暴露出很多管理问题。一个成功的下属成为领导之后，大概率会是一个优秀的领导，为什么？因为他在下属的位置上已经可以应对各种领导方式，他知道不同领导方式的优势和弊端，还会反向影响和反向管理，这些都是很了不起的本领。向上做事的核心就是要去影响那些以你的位置很难影响到的人，对他们施加影响力，而不是拉拢收买。

激励就是要把那些还未被激发的成员点燃，激励不等于发钱，不等于升官。不同的人有不同的需求，所以要针对不同人的不同需求给予不同的激励。除了激励员工之外，我们对于那些在团队里过于骄傲的、把自己凌驾于团队之上的成员，要进行控制和欲望管理。

④ 把握团队的温度

好的团队温度应该是均衡的，过冷和过热都不行。如何让团队温度达到均衡？这就涉及团队动力学的问题。团队最好的状态应该像水一样，不生硬，能变形。不管你把它装到圆杯子还是方杯子，它都可以适应形状填满杯子。它可以在喜马拉雅山顶，也可以在马里亚纳海沟，哪里都可以存在。

如果我们的团队像滚烫的开水，天天热血沸腾像打了鸡血一样，这个团队很快就要出现问题，可能会分崩离析，因为打鸡血的状态是不可持续的。如果团队一直处在沸腾的工作状态中，其实大部分能量是流失的，真正发挥作用的连20%都不到。所以沸腾的状态并不是最好的状态，耗散太多，而且也无法长期保持。团队还有一种状态是冷若冰霜，对什么也提不起兴趣，四大皆空，仿佛一切如梦幻泡影。

如果你的团队里有这两种状态的人该怎么办？那就要通过加温和降温，控制和激励进行调节。团队领导者最需要练就的本领就是敏锐察觉哪些人有点偏热，哪些人有点偏冷；哪些人需要加温，哪些人需要降温；哪些人需要提升自我评价，哪些人需要降低他的自我预期，这就需要你对团队成员有所了解。

有些人本来就很自卑，自我评价特别低，对自己不满意，胆小怕事。这种人是需要加温激励的，你千万不要搞反了。对自我预期偏低的人，如果你采取控制和打压的方法，会彻底把他击垮，甚至会出现一些极端的不可控的问题。

把握团队的内部温度，最核心的就是要随时观察整个团队的士气以及大家的"战斗意愿"。通常情况下，在项目启动初期，团队士气是比较高昂的，接下来可能会遇到一些挫折，在重新部署解决困难后，士气又会得到一个较大的提升，如果恰好此时处在项目的关键节点，将会大幅度提高团队的整体状态，让大家对未来充满信心。

接下来团队状态可能进入一个平台期，因为不可能每天都有好消息。这个阶段就是团队温度相对适中的时候，有取得进展的喜悦，也有意想不到的变化，相对比较平静。在向目标冲刺的时候，团队的热情又会被调动起来，在充满激情和压力的集体冲刺下达到团队氛围的高潮。最后的终点要么是收获成功的喜悦，要么就是接受失败的沮丧。

每一个团队从项目策划启动到完成交付，都会经历这么一个波峰波谷交替，以及团队温度 0℃~100℃的变化过程。好的团队领导者要擅于利用这种周期和团队温度的变化，主动干预，防止极端情绪在项目运行中出现。

有不少技术出身的团队领导者在这一点上是短板，他们更多关注技术，忘记了技术背后的人，以及他们的情绪。而营销出身的团队领导者在营造团队氛围方面有可能用力过猛，我们经常看到的"狼性文化"就是他们天天打鸡血的结果。每天持续把水温升到 100℃，只会把水熬干，过犹不及。优秀的团队领导者懂得在二者之间调控，达到团队温度的平衡，既不能让团队死气沉沉，也不能天天豪情万丈。

⑤ 混序式动态管理

一个是胡萝卜，一个是大棒；一个是升温，一个是降温；

一个是向上做事，一个是向下做人。其中永远存在着对立又统一的平衡，我们把这种动态平衡叫作混序式管理。混沌是自由的、升腾的、《易经》讲的阳气上升的东西；秩序是下沉的、板结的、硬邦邦的东西。混沌和秩序一阴一阳，混序里包含着中国哲学的一个核心思想，就是和谐、中庸。

要达成这样的混序式团队生态，前期就是对团队中的成员进行分类。按照马斯洛需求层次理论，人的需求分为五个层次，从最底层的生存需要到最高层的自我实现，每个人都在不同的层次中。哪些人有哪一类需求，团队领导者一定要心中有数，尤其是对小团队。

在小团队里，人与人有近距离的接触，团队领导者比较容易搞明白这个问题。我们基本上可以参考马斯洛需求层次理论，把大家的需求划分为不同层次，从下至上，第一层是安全和健康的需求，第二层是生存和生活的需求，第三层是成长和成就的需求，第四层是被尊重和寻求意义的需求，第五层是自我实现的需求。你不妨看看在你的团队里面，团队成员的需求分别在哪一个层次。

物质激励对于那些急于满足生存需求的成员是有效的，你和他们讲梦想、愿景、未来是没什么用的，他会告诉你每个月多发点儿钱比什么都强。比这一需求层次还低的成员，是只需要为其缴纳五险一金，他就能完成分内工作的人。对于这部分人，保障本身就是激励，你只需要把保障体系建好就可以了。

在小团队激励问题上一定要把成员的需求分类，搞清楚他们是求安定，是想来赚钱，还是来实现学习成长的，有些人甚至仅仅是喜欢你的体系和氛围。团队领导者对此要有所区分。还有一些人希望你给他机会，想获得更多成就感，面对这类成员，你给他多发钱，给他赞美或讲兄弟情义就不是最合适的手段。所以团队领导者一定要区分清楚不同需求，予以区别对待。

根据团队成员的自身需求，在不同阶段给予对应的心理和情绪帮助，是团队领导者的基本能力。以前在战争年代，很多军队中都为此设置了专门的职务。比如在西方的军队中会有随军的牧师，他们负责士兵的心理和情绪疏导。在现代企业中，很多人力资源部门里都有员工关系管理的岗位，而小团队中这些工作就需要由团队领导者担负。

混序式的动态管理体现了对员工的尊重，混沌的氛围能够保证员工思想的自由和观点的充分表达，秩序的规范能够确保项目按照计划在可控范围内运行，二者缺一不可。

⑥ 尊重意见，包容个性

在向上做事的时候，团队领导者要能够团结一批能人。团队领导者除了为这些人提供基本的物质保障之外还需要注意什么？他们往往对交往中对方的态度特别在意，他们更需要尊重。团队领导者想要团结能人，就要给他们足够的尊重。所以当项目越做越大，团队领导者越要佛系[①]，不能太随心所欲。即便团队领导者已经有了定见，也要让人才充分发表他们的意见，并且做一些肯定的评价。

天士力集团在未上市前，企业内部是没有那么多人才的。对于第一代创业者而言，员工能满足基本的工作需求就可以了。公司逐步做大以后，吸引了很多能人、强人，尤其是一些外企人才，他们对尊重的要求非常高。天士力集团创业初期，团队中有不少人出身军队，因此企业文化带有强烈的军队文化色彩，强调命令和执行，对理解的要执行，对不理解的也要执行，不允许质疑和拒绝。出身军队的第一批员工很适应这种文化，觉得没有什么问题。但当有更多人才流入的时候，这种文化就太简单粗暴了，很可能导致人才的流失。我后来在工作中慢慢学会了对待不同的人要用不同的方式，因人制宜。

尊重每一个成员的意见，体现为每一次会议上要鼓励成员积极发言，不要让他们觉得团队领导高高在上。充分调动和鼓励成员坦诚地讲出自己的真实想法，不管最后是否被采纳，至少让团队成员感觉到自己是团队中必不可少的一分子。一定要摒弃一上来就否定大家意见的做法，尤其是对与自己

---

① 佛系，网络流行语，指无欲无求、不悲不喜、云淡风轻而追求内心平和的生活态度。
　　　　　　　　　　　　　　　　　　　　　　　　　　　　——编者注

相左的意见，一定要保持耐心和冷静，不能听到一半就打断，让成员把话说完。

对有个性的团队成员一定要克服自己内心的排斥感，这是最不容易做到的，因为领导者更喜欢听赞同和拥护的话，这是人性。有个性的成员有自己的独立思考和看待问题的角度，往往不会随大流，也不太轻易拍马屁。在很多组织中，他们都是不受待见的人，但是在我的经验中，他们难能可贵。如果团队中只有一种声音，那将是非常危险的。因此，包容和鼓励持不同意见以及有个性的成员，本身就是在创造一个健康和透明的团队人际关系环境，以及通过自己的榜样作用塑造优秀的团队文化。这种人际关系环境和文化本身也是优秀人才特别看重的。对他们来说，能在良好的氛围中工作，可能比一些物质奖励更有吸引力。

⑦ 把机会给想做事的人

团队中还有一类成员更看重未来的发展机会，他们希望获得在新的市场、新的板块、新的事业部带团队历练的机会，他们希望得到的是带团队做事的权力。如果你身边有这样的人，请一定要珍惜他们，千万不要只看到他们有野心的一面。但是在现实中，很多这样的人才会被老板悄悄淘汰，因为他们要的不是钱，也不是面子，而是权力。

刘邦能够驾驭能力强的人，这就是他夺得天下的关键。论实力，他是没法和项羽相提并论的。在楚汉相争的关键时刻，韩信提出要给自己封王，刘邦果断地答应了他，这对项羽来说是不可想象的。项羽是楚国贵族，人力、物力、财力、口碑、影响力都强过刘邦百倍，但有一点项羽不如刘邦，就是团结人、驾驭人，敢于把权力交给想做事的人的能力。项羽对身边的人充满猜疑，不敢把权力分给下属，甚至导致他最核心的谋士范增的出走。项羽本身很强，但他没有意识到再强的个人也抵不过团队的力量。有句俗话叫"大树下面不长草"，领导者太强大了、太能干了，身边是发展不出真正的得力干将的，恐怕发展出的"奴才"更多一些，他们凡事都要领导者决定和拍板，没有领导者的批复他们连腿都迈不出去。

很多企业老板特别害怕员工分权，他怕这些人一旦做大就会和自己分庭抗礼，带走一批人去自立门户。其实99%的人都怕，但你越怕什么，这种事发生的概率就越大。相反，如果你敢于坦荡放权，敢于让他们做大，只要能够提供合适的激励政策，他们反而不会轻易分裂独立。敢和老板要权力的人是能够有所成就的，他们往往能打出一片天。敢不敢对这样的人放权，也决定了老板能做多大的事儿，机会就是要给这些敢于要权力的有领导力的人。

⑧ 内部创业也是一种激励

很多组织在最近 10 年开始尝试内部创业，与其让有想法、有能力的人跳槽或自立门户，不如在企业创造一个内部创业的环境，设立内部合伙人制度。员工通过内部创业所创造出的收益与公司共享，内部创业团队也能够持有一部分股份。

在很多互联网公司和以研发为主的高科技企业内，以技术创新为主的内部创业比较普遍。一方面通过改变员工的身份，从领工资的打工者转变为创业项目的合伙人，这就能够留住一部分想做事、有梦想的人才；另一方面拓宽了传统激励的范围，不再只是升职加薪给福利，而是让企业的发展呈现出多元化和创新性，真正实现了员工成长与企业发展的双赢局面。

天士力集团通过企业内部项目化让各级员工都有机会担任项目经理，通过让他们带不同规模的团队逐级提升他们的领导能力，避免了传统单一行政通道晋升的竞争压力。内部创业成功的项目经理可以和团队成员一起持有项目收益的股份，获得项目分红。传统的激励使得单一狭窄的晋升通道里挤满了人，僧多粥少是金字塔型组织解决不了的瓶颈。这种稀缺导致的职场紧张和竞争，就不可避免地造成人才的相互"踩踏"和内卷。

内卷最根本的原因就是没有对外的发展，所以才会向内卷。但凡有机会向外发展，人们是没有时间向内卷的。所以当你的团队开始内卷的时候，不要想着从内部解决内卷问题，这是一个错误的处方，解决不了根本问题。一旦陷入内卷，团队领导首先要重新检查你的领域及发展方向，组织就应该转型，做相关多元化，甚至彻底重启。

不要妄想通过向内看来解决内卷问题，而是要通过开拓成长空间来解决问题，成长才是内卷的解决之道。内卷其实就是内耗，你消耗我、我消耗你，互相把对方的价值拉低，总体不提高任何价值，这种现象很普遍。内卷最终的结果就是人人都受害，但人人都无能为力。开放的、发展的、成长的思路才可能彻底解决内卷问题。

通过内部创业把权力和利益进行再分配，不仅留住了人才，减少了内卷，还形成了公司竞争的比较优势。谁不愿意去这样的公司呢？好的激励制度本身就应该随着时代的发展不断突破过去，用开放式的思维做开放的企业，开放股权和事业平台，面向全球获取最宝贵的创新型人力资本。

⑨ 满足心理和精神需求

人是兼具理性和感性的动物，除了我们平时着重强调的物质要素以外，还有精神层面的需求。好的领导者应该留意员工的心理感受，在日常工作中通过单独谈话、工作沟通、项目辅导、导师培训等途径，提升成员的安全感、存在感、参与感、成就感。同时，要避免给员工增加失败感、痛苦感、压力感和孤独感，尤其不要让下属有被欺骗和被漠视的感受。好的团队领导者应该是一个心理疗愈师，而不应该成为心理危机的制造者。

表扬一定要及时。不少领导者都知道表扬的重要性，但在运用中普遍存在一个问题，就是表扬不及时。有些企业家认为"问题不说不得了，成绩不说跑不了"，因此在对下属进行评价的时候，主要谈问题，很少表扬，即使提出表扬也往往来得很晚，其实这是违反人的心理需求的。一般来说，人们在成功完成一项任务或者做出积极的行为时，都渴望得到及时的表扬，孩子如此，成年人也是这样。所以，如果团队领导能够适时鼓励和表扬，就能够提高成员的积极性。

我们经常对家里的小朋友做出承诺，但有时候会延迟兑现很久。孩子要一直努力学习，期末考试考取班级前 10 名才会得到奖励，这意味着孩子要等好几个月。这段时间孩子靠什么抵御游戏的诱惑呢？这样的激励就有点像开空头支票，通常是起不到激励作用的。所以激励一定要及时，只要孩子今天能够完成任务，就可以获得一个奖励。

在过去 20 年与几千个项目负责人交流咨询后，我总结出了 10 条在心理和情绪层面的注意事项，这些都是平时常见的或不经意间做出的管理行为。就是这些无意间的行为习惯，让很多下属受到伤害。

第一，尽量控制自己的情绪，不轻易发火。如果实在没控制住，也不要辱骂员工。

第二，及时回应员工的抱怨，千万不要装聋作哑，更不能打击报复，否则你将再也听不到一句真话。

第三，不要随意打断下属的讲话，这会让员工感到自尊受到伤害，而且他会认为你是一个没有修养的领导，不会真的尊重你。

第四，多用商量的口吻讲话，少用命令的口气，杜绝使用武断的语气。比如"你不行""你肯定是错的""你是个笨蛋""你们都是废物"等带有攻击性和侮辱性的语言。

第五，少问"为什么"，多问"怎么做"。引导员工积极面对过失，主动纠错。

第六，批评讲事实，表扬讲观点。尤其注意要针对员工犯错的事实帮助员工进行纠正，切忌上升到对员工本身进行否定和羞辱。

第七，多欣赏员工的个性，少批评反对的声音。有反对的声音才能证明你的领导是民主和开明的，你才能够听到真话和心里话。

第八，在适当的时机向取得成绩的员工表示感谢，让员工感到自己是团队的一部分。要让员工明白，哪怕只是取得了微小的进步，也会被看见，不用刻意刷存在感或拍马屁。

第九，找机会在自己的上级面前肯定下属，这是对员工的极大激励。

第十，记住员工的名字，能随口说出他们的突出特征。这一点往往被很多刚刚带团队的团队领导者所忽视，但是这一点确实很重要。我们都有这样的体会，如果在第二次见面时对方就能叫出你的名字，我们就会感到被对方重视。

⑩ 表扬要具体，批评要公开

激励并没有固定的模式，要把它贯彻于日常生活和工作的细节中。激励是在随时随地的言行举止中发挥作用的，一个眼神、一句赞美、一次肯定，都是及时而有效的激励。但激励也要注意一个问题，就是慎用当众表扬。表扬和鼓励本来是激励，但当众表扬得到的结果很可能会与你最初的愿望相背。当众表扬一定要慎重，有时候当众批评却很必要，这是为什么呢？

如果在公共场合表扬某个人，你激励的是一个人，但对其余的人全部是负激励。当在一个群体里领导只表扬一个人的时候，其他人都会感觉到被否定。所以当众表扬一定要慎用，而且要在不经意间提出。

在不经意间提起某个成功项目的时候，让大家讲讲在完成的过程中出彩的地方都有哪些，哪些人在推进项目的过程中起到了重要作用？这些都可以让团队成员提出来，而不是领导刻意在大家面前表扬某个人。团队领导者和领导要创造一种氛围，让大家提出张三在此次项目完成的过程中发挥了重要作用。而你心中并没有把张三当成一个特殊人物和特别突出的典型，只是顺应大家的意思。表扬也是一个技术活，否则真的有可能把好事办坏。

而批评一定要适当公开化，大家都不希望被公开批评，但有时候公开批评是必要的，不能私下解决。批评某个人，有时不仅停留于纠正这个人的错误本身，而是要对那些还没有犯错的人起到预防作用。这就需要把个人的错误放大到对制度的维护、对组织信誉的保障上来。这样做的前提是这种错误是很多人都会犯的普遍错误，团队领导者可以用适度公开批评来维护纪律的严肃性，这就叫控制中的"序如魔鬼"。

混沌的时候大家相互尊重，"混如天使"就是要创造一种和谐平等的氛围，让人心甘情愿的奉献聪明才智，激发人的事业心和责任心。这是控制做不到的，也不是命令出来的。

无论是表扬还是批评，都没有绝对的标准和公式。表扬和批评不仅涉及团队成员的人格类型和心理需求，与领导者的个性和管理方式相关，还要放到具体的事件和环境中予以判断。无论是团队领导者还是团队成员，大家都是在互动博弈中共同进化的。激励和控制并不是一种让人一劳永逸的技能，而是在实践中留有遗憾的艺术。

⑪ 控制只针对少数人

正如五根手指不一样长，有才有德的人要用，有才无德的人也要用，而"序如魔鬼"就是用来专门管理和控制那些有才无德的人。有些人觉得自己某方面有两把刷子，觉得自己很特殊，就可以带头钻漏洞违反公司制度，这种行为就应该公之于众。

如果你仅仅私下提醒，他知道你不能把他怎么样，他不仅不会改，还可能变本加厉。按照他们的逻辑，你不能把我怎么样，就相当于默许我可以违反制度。我们对这样的人就要用权力给他画出界线。

"混如天使"的意思是，要有影响力、感召力、亲和力，自然就会有人萌生出追随你的愿望。对于带头破坏公司制度的有才无德的人，一定要用权力限制他，千万不能为了表面和谐而和谐，千万不能搞中庸，不能妥协，更不能和稀泥。你纵容了一个不良行为，它就会造成扩散效应，如果一个人你管不住，整个团队都管不住。如果你不及时纠错，其他人会用同样的方式违反制度。一定要敢于与不良行为作斗争，不要做好好先生。

任何组织都需要一手硬一手软，否则管理就会失控，组织就会失败。我小时候常看到墙上写着一行标语"团结紧张，严肃活泼"。团结还要紧张，严肃又要活泼，它们是矛盾的，怎么能放在一起呢? 当时的我对此很不理解。后来我自己走上了管理岗位, 到了总经理的位置, 我才慢慢理解。

团结不是你好我好大家好, 而是也要保持适度的紧张。因为如果大家太松弛, 管理措施就会层层衰减变得毫无执行力。光团结不紧张, 组织没有执行力; 光严肃不活泼, 组织没有创造力。组织太严肃就失去了活力, 失去了创新力, 这个时候激励和控制都会失效, 组织就会变成一潭死水。

⑫ 激发人的善意和潜能

大家常把奖励和惩罚比作胡萝卜加大棒, 那么, 什么时候用胡萝卜, 什么时候用大棒? 在谁身上用胡萝卜, 在谁身上用大棒? 胡萝卜是怎么个吃法, 大棒是怎么个挥法? 这就需要管理的经验和艺术。

激励是随时随地伴随行为而发生的, 不是单独拎出来的一种做法。这就需要团队领导者培养一种习惯, 表现为先去肯定别人, 主动让对方感到亲近。如果你能养成这个习惯, 那可是很不得了的, 无形之中会给你带来很多机会。

每个人都曾错过一些机会, 其中很多擦肩而过都是因为不敢或不愿意主动多说一句话。我以前也很自卑, 但后来我克服了这种心理, 逐渐变得积极主动。当我开始主动的时候,我发现原来对方并没有嫌弃我，以前都是我的自以为是，这时我才发现错过了很多机会。

主动付出善意，及时肯定别人的成绩，表扬周围人的良好行为，鼓励团队成员奋发向上。不要害怕丢面子。我们有太多自以为是，有太多对他人和对世界的误解，不要画地为牢，自己束缚住自己的善意和潜能。

虽然我们在讲小团队的管理，但背后讲的是如何处理人与人之间的关系。这看似是一个团队管理问题，实质却是如何处理和同事的关系、和社会的关系、和世界的关系，以及最关键的你和自己的关系。

你要如何面对自己的恐惧，如何解除自己的自卑？把和自己的关系解决好，和别人的相处就坦然了，就不会用"我以为"来界定自己和别人的关系。本质上来说，自己强大了、有包容心了、不带有色眼镜了、不预测对方的动机了、不假设对方的立场了，你就会变得开放而包容，逐渐具有感召力和影响力。

第9章

修炼六：

行中知，干中学

世界日新月异，每天都有新状况发生。人们时常发现，一个又一个"没想到"和"真意外"纷至沓来，让人倍感焦虑。而我们没有资格躺平，必须振作起来，解锁各种新技能、尝试各种新职业、使用各种新工具、学习各种新知识，这样才能保证正常生活继续顺利展开。其实，更多变化是悄然发生的，不被人察觉。社会正在加速进入元宙宇数字科技时代，分布式的"混序自组织"正在进入移动式工作领域，让全球各地的陌生人迅速组成团队，在线协作。

这些新的去中心化的团队组织技能对我们很重要。如果在这个流变的时代，你不会用小视频、不会用在线会议、不会社交直播、不会吸引流量、不会社群推广，那么无论你做什么，你都会觉得与时代脱节。

因此，不论是个人还是团队领导者、领导者，持续学习的能力非常重要。带团队的一个重要使命，就是一定要把团队带成学习型团队。背后的道理很简单，我们已有的知识储备和能力在这个快速变化的时代不能满足要实现的目标的需求。尤其是那些创新和创意类型的目标，更需要我们快速在工作中学习。本章要讲的核心就是如何组建学习型团队，和团队成员共同成长。

打造学习型团队就是带领团队通过学习实现个人和组织持续成长的过程，也是团队形成共识，团队成员 T 型能力培养的过程。在行动中学习，通过行动彼此了解，通过行动让协作更加顺畅，对团队形成战斗力、凝聚力至关重要。

⑴ 行动式学习

很多人对"学习"的概念有误解，认为在一个课堂环境里，有老师教、有同学一起学才叫学习。而现代的学习内涵早就超出了课堂，是全天候、全空间、全人生阶段的终生学习。"学"可以理解为看别人是怎么做的，"习"就是立刻去做，学习这个词语里包含了实践行动，就是要在行动中学习。

很多人带小团队以后会发现，团队成员都有不同的短板或缺陷，而这种短板通常不是硬技能和专业技能方面的短板，而是软技能短板，大部分团队都是如此。几乎每个人都缺乏软技能，因为我们在学习和工作的过程中很少能学到软技能。

软技能是在生活和实践中习得的，大部分人忽略了软技能的学习。

软技能就是如何与别人相处，如何与别人合作，如何保持健康的心理状态，如何在团队中保持积极性，如何与别人沟通等能力。很多人的沟通存在很大问题，而沟通也是软技能的一部分。

另外一个广泛存在的问题是，很多传统小团队、小微组织的学和习是分开的。学是学，习是习；知是知，行是行。方案计划做得很好，就是知行不能合一，动手能力太差。道理很明白，实际操作做不了，这不是真正的学习。在真正的学习中，行动式学习大过对知识和理论的学习，持续行动，用行动去检验，才是最好的学习方式。英文中有一个词组，叫 learning by doing，即"干中学"，这就是本书强调的重点。

未来的团队一定是学习型团队，团队领导者要带着大家一起学习。这并不是让你带着团队成员一起听大师讲课，而是一边学习一边行动，learning by doing。行动式学习法的第一步是"知"，你先得知道你要做什么，你的同行在做什么，对此要有起码的认知。这个"知"更多的是指认知，而不仅仅是新知识。我们永远赚不到认知范围以外的钱，你的认知在哪，天花板就在哪。

我自己也长期带团队，带着团队成员共同学习，尤其是在混序部落。为什么我经常让一些做得不错的团队在社群或线下分享他们的经验，就是要给大家创造互相学习的氛围和机会。实践就是最好的学习。

在实践过程中如何学习？很多人没有真正去研究。我研究并且做了一个模型，叫"行动式学习，打造学习型组织"，我在《触变》这本书里对其进行了阐述。我在天士力制药公司当总经理时，就把这种学习方法运用在企业内部的小团队管理中。混序部落强调开放式学习，我更强调行动式学习。先迈出第一步，不要过多讨论和犹豫。不要等待所谓的条件成熟，而是先去试一下，根据反馈再制订下一步计划。

⑫ 知行评思变

如何在实践中学习，我把它分为五步：知、行、评、思、变。知就是你先要了解你们做的项目需要哪些知识和技能，哪些是大家已经掌握的，哪些是还需要学习的。

接下来就是行，要按照已知信息做出规划，马上开始行动。把不会的学会，不懂的弄懂，结合项目的任务要求反复实践，掌握要领。我们有一个初步的规划以后就可以付诸行动，一段时间后，有了阶段性成果以后就要做出评价，不能闷着头蛮干到底。

评价就是检查结果和原计划是否吻合，实际结果和理想的目标之间差距有多少。现实和理想之间的距离，就要用评来衡量。评完了以后要思，团队领导者要带着大家一起研究前段时间制定的方案和方向是否正确。经过复盘和检查思考之后，接下来就是变，按照新的方案再进行试验，最后进入新的循环，形成 PDCA 循环闭环。

混序部落有位酋长叫郭方朔，他发明了一种技术，可以用在小动物的粮食里，促进宠物吸收，使宠物保持营养均衡。这个项目至少可以通过两条路径向前推动，要么直接转让核心技术，和动物食品企业合作；要么自己开发一系列动物保健品。转让技术跟别人合作还是自己做，哪个方向正确？这不好说。不妨都往前走一步，试一试哪个方向的机会更清晰，就往哪个方向走。评价之后进行再一次的复盘和反思，最后调整改变，改变方向、改变策略、改变做法、改变前期的规划和计划。这就是通过行动式学习来确认项目未来发展方向的策略。

完成一个阶段的行动以后，团队要评价目标和行动之的间差距，把前期结果和计划进行对照。对比之后再纠偏，那么再行动的时候就会更接近目标。最后一个环节变就是重新选择以及改善、优化、迭代、升级。

我经常在培训创业者的时候强调"先开枪后瞄准"，就是要用第一枪找到和目标之间的差距，第二枪校正射击参数，第三枪基本上就能达成目标。我们要实现的目标也并不是静止不动的，计划和行动要同步调整才能跟得上变化，我把这种方式比喻为"骑着快马打飞靶"。

③ 保持开放性

团队在做项目的过程中获得的信息大多并不全面，这就造成了"信息不对称"。要解决这个问题，就要看看该行业还有多少人在做类似的项目，他们是怎么做的。看看别人怎么做真的很重要。看看同行是怎么做的，他们哪些做得对，哪些做得还不够，要进行广泛的市场调查，调查本身就是一个学习和确定下一步思路的过程。

在天士力集团工作的时候，有一段时间我几乎每周都要接待十几家来参观学习项目化管理的企业，他们大部分是医药企业。企业家和高管们特别擅长向同行学习，反观一些小微创业者却闭门造车，不愿意向别人学习。他们不愿意去了解别人成功的方法和经验，固执地认为自己的模式肯定正确，肯定能赚钱，这样就会把自己做成一个封闭的孤岛。

无论是传统企业还是个人创业，一定要保持开放性。学习是第一步，最好能在一个比较开放的平台上用较低的成本学习。混序部落就给大家提供了这样一个开放式的互相学习、互相模仿的社群交互环境。不要认为自己什么都懂，什么都会。哪怕你是行业内的大神或大咖，你的技能再专业也是被局限在某一个细分领域，你对自己擅长领域之外的知识和经验还是有欠缺的。

学习是一辈子的事，没有尽头。要保持开放、包容的持续学习的心态，明白学习才是不断给自己投资的最好的方式。

④ 不假装学习

社会变化太快，由不得我们骄傲自满，由不得我们自以为是。没有什么是绝对确定的，一切都在运动变化之中。作为团队领导者，首先就要保持持续学习的心态，不把学习搞成形式主义。孔子早就把这一点说清楚了，"三人行，必有我师"，要主动向你身边的人学习，主动从你身边的社会关系中学习。学习就是随时在日常生活中，在一些无聊的等待时间中完成的。我们应该保持高度的开放性和多元性，保持持续的学习能力。

还有一点要特别注意，不要陷入"假学习"的自满中，不要认为花了钱就学到了东西。不少创业者一年花几十万买各种课程，用在自己的项目和事业中却完全行不通。问题出在哪里呢？一是学习的东西不接地气，二是与自己的实践活动结合不起来，知行不能合一。

实践是检验真理的唯一标准，这个道理我们都懂，但大部分人做不到。我们的知和行脱节了，往往先去学，然后再行动。实际上，要想获得最大的收获，求知和行动是同时进行的。在干中学，在学中干，而不是先学后干或先干后学。

一定要及时行动，行动才是最有力的、最实用的、最高效的学习方法。这是一个人们互相学习借鉴的时代，学习不丢人，不学习才丢人。

⑤ 超级链接者

学习的另一个方法是广泛地链接，自己和团队要成为各种信息网络中的节点，最好能成为局部的超级链接者，这样你就能够掌握即时信息与在动态中学习的能力。未来的创业者都不是在孤岛上生存的，而是生活在各种网络中，或者生活在元宇宙中。

元宇宙这个概念也要通过学习和行动对其实现共同认知。元宇宙的组织形式的底层逻辑是"道"，是遵循自然之道的 DAO 组织，即去中心化的自组织。一听到自组织，是不是觉得它和混序部落很像？很多人在混序部落待了这么多年，其实一直生活在类似元宇宙的去中心化的自组织中。元宇宙里生成的企业 IP、个人 IP 是没有层级、没有领导、没有社会阶层的。

传统社会中的层级制度在元宇宙中将被摧毁，在元宇宙中最受欢迎的是超级链接者。元宇宙中的各个 IP 都要进行数字加密，进行数字权益的分润，都是通过系统算法完成的。

只要进入元宇宙的自组织，在里面所产生的各种价值都会被自动计算和分配，谁也改动和转移不了。

在未来的元宇宙中，将会诞生崭新的创业项目和新型职业，元宇宙中的主体是被数字加密的一个个 IP，可能代表一个人，也可能代表一家公司，还有可能代表一个国家。在元宇宙的世界里，大家都是平等的，因为大家只是一个数字代码，使用的都是数字化的智能合约。

元宇宙的组织中没有层级，是像网络一样的区块链结构。网络不仅仅存在于数字信息领域，还存在于人与人之间。通过智能合约把 IP 与 IP、IP 与人、团队和项目连接起来，通过通证（token）的方式进行价值交换。

混序部落是具有前瞻性的，2015 年混序部落就开始借助微信社群做去中心化的自组织，吸引连接了几十万创业者。混序部落通过类似元宇宙的微信群组织创造了分布式的七八百个 IP，经过了 7 年时间，有的生有的死，不停地进行新陈代谢。直到现在活着的 IP 有 200 多个，还涌现出了 30 多家创业公司。

混序部落有一位大家熟悉的酋长 CK，他最早在混序部落担当志愿者，出身设计专业的他无偿为创业者设计品牌 logo（徽标），一直陪伴和服务于混序部落的创业者。后来他开始提供有偿服务，同样受到大家的欢迎，被称为混序首席设计师。后来他自己创立了混序设计公司，承接了不少知名企业的设计项目，现在也成为在设计界具有一定影响力的 IP。

混序部落里的创业者来自不同行业，拥有不同的经历和多元化的能力。这些能力大多是专业能力，但是大家普遍缺乏的软实力主要是连接能力。未来更多是人与人的直接连接，点对点的连接。努力成为连接中的枢纽，关键的连通点，你将拥有更多机会。

让你和自己的团队保持时代性，不断学习和更新，未来就可以建立自己的"小世界"网络，并且和更广阔的网络连在一起。形成信息和知识的"结构洞"，才能够真正享受到网络带来的便利。万物的发展就是混序态，是分分合合，混沌和秩序的轮回。下一个风口的方向可能与区块链组织高度关联，与"道"组织或混序组织高度关联，其趋势就是去中心化的自组织。

⑥ 在实践中创新

混序天鹅湖团队就是一个学习型团队，行动式学习在天鹅湖的团队里践行得非常充分。天鹅湖带了一个收纳整理的创业团队，在服务客户的过程中一边做收纳一边培养收纳的梯队人才，同时带领团队向崭新的领域学习。未来她就可能把收纳做成一个平台，做成一个产业，做成一种文化，甚至做成一个生态。天鹅湖的学习方法就是行动，干得越多了解的就越多，越干越熟悉，积累的资源就越多。庖丁解牛为什么能那么厉害，不碰到骨头就可以把整头牛解完，其实就是解得多，才能游刃有余。

收纳行业还是个隐私行业，因为需要进入客户的客厅、卧室、衣柜等涉及隐私的区域。因此它背后有一个逻辑，就是能不能获得业主的信任，能不能让客户有较高满意度，最终能不能获得客户的推荐。

如何让客户把你推荐给下一家，关键是要让客户的满意度超预期，这是天鹅湖在实战过程中学到的窍门。她的很多客户都不是通过广告吸引来的，而是由她服务过的客户推荐来的。她抓住了最关键的要素，也就是信任，她不仅要让客户满意，而且要做到给客户惊喜，每次提供的服务都能超出客户心理预期，让客户有较高的满意度。

只有在这样的情况下，客户才愿意给你推荐新客源。信任是最宝贵的，哪怕你多收点费，人家也愿意用你，因为用信任的人会降低风险。从收纳整理到废旧多余物品的妥善处理，甚至是满足客户家中老人的看护需求，他们在行动中发现了新的需求，发展出了新的业务。学习能力还代表了跨界能力，学习能力强的团队就能够快速进入一个新的行业，快速适应、重新连接、重新组合。天鹅湖团队的创业实践也是行动式学习的代表案例之一。

不论是实体创业还是互联网创业、打造 IP 转型，团队一定要保持开放，保持学习的心态。混序部落的宗旨里有一句话"有克制的碰撞，无止境的学习"，不要太封闭，不要自以为是，不要觉得自己什么都懂，不要对任何新生事物都看不上。给自己的内心留出空间，去接纳新事物、学习新思路、迎接新机会。

当今社会，互联网经济已成为每个人生活的一部分，IP经济日益崛起，很多人会困惑于要不要放弃实体转到线上发展。我的建议是实体要搞，线上也要搞，虚实结合、两条腿走路更加稳妥。实体永远不会完全消亡，它是我们过去的历史和积淀；IP打造等线上经济是未来的发展趋势，可以帮助我们向着广阔的互联网世界不断拓展，而拓展和开拓带给我们希望。不要为了搞IP打造线上经济就完全放弃实体，如果没有实体的积累和资源支持，只搞IP经济，项目可能难以存活。

⑦ 去自我为中心

在"知行评思变"一节中我们讲到了在实践中学习的五个步骤，其中最重要的是第一步"知"，即认知。认知跟不上时代，一干就亏，一干就死。有些自我感觉良好的人，常常以自我为中心，这些人是最不愿意学习的，也是最落后的，因为他们拒绝新知识，拒绝新思维。混序思想要我们保持一半的混沌，一半的秩序，其实这也是道家的思想。一半保持无，一半保持有；一半保持实，一半保持虚。

国画和西方的绘画作品之间的最大区别是什么？国画要留白，画一部分留一部分，留白的那一部分是要用每个人的想象力补充完整的。我们的脑袋之所以能够发挥最大效用，是因为至少留了一半"空"的位置用来装新东西，用来学习提升。

人永远都是在有限认知的情况下做决策，在有限信息的情况下做判断，而且谁也做不到完全理性，感性也在影响着决策。把自己当成永远正确的、全能全知的神，这显然是不对的。很多人讲起道理来头头是道，实际中却很容易犯这样的错误：不自知、不自明、不自察、不自省。

世界上最愚蠢的人就是处处以自我为中心的人，他们的脑袋里装不进任何新东西。真理都是相对的，并且会过时，AI 时代的来临让许多专业技能被智能机器人替代。马车夫曾经在人类 2000 多年的历史中扮演着让人羡慕的职业角色，然而随着工业时代的来临，他们变成了历史。在没有计算器、计算机的年代，打算盘的硬技能很受欢迎，每年还要举行大型比赛来促进人们对这项技能的熟练掌握，而现在拥有这项技能的更大意义是对文化遗产的传承。

不要在乎现在掌握的知识有多少，也不要在乎目前掌握的资源有多少，最重要的是要看你有没有持续学习的能力，你的团队有没有持续学习的能力。学习的方式是"坐而论道"，还是"起而行之"？"起而行之"一定会胜过"坐而论道"。在认知层面必须要有开放的心态，不做井底之蛙，认知才能提升，认知的边界才能扩大，认知的层次才能上升。

要保持"心无所住"的禅的心态和王阳明提倡的"格物致知"的观念，就要随时去自己的中心化意识。正因为房子中间是空的，人们才可以在房子里做各种各样的事情；正因为杯子是空的，人们才可以用它装各种物品，所以不要以为空是无用的。对应到学习中也是一样，如果觉得自己很厉害，什么都知道，那么你就没有办法接纳和吸收新的东西。

世界每一天都在发生着快速变化，一旦停止接纳和吸收新事物其实就是固步自封，会慢慢固化。"山外有山，人外有人"，不论在什么阶段，保持一种空的哲学，带着空杯心态，一定能够在已有的基础上获得更进一步的发展。

⑧ 拓宽认知边界

混序部落里的晨冰酋长初到部落时，只计划推广其公司研发的棉麻空心管健康枕，但在行动中发现推进得很困难。因为竞品太多行业已成红海，客户更需要一套综合的睡眠解决方案，而不仅仅是一个枕头。晨冰马上做出改变，在与我沟通后决定转型，为大家提供睡眠体验官服务。她进入客户的卧室，亲自感受客户的睡眠环境和物理硬件，并结合心理学进行综合判断，找到失眠的原因，提供综合解决方案。这样转变之后，她的咨询量渐渐增加，健康枕的销售也增加了。

为什么大家喜欢老子的思想"道生一，一生二，二生三，三生万物"？因为"生"所代表的创造就是道的核心精神。无是天地之始，是创造一切的前提，是学习和承载的基础，"无中生有""无为而无不为"。我们用行动式学习法向老子致敬，在行动中学习，在行动中成长，在行动中提升自己的认知和格局，在行动中不断突破自己。

要把老子的思想精髓用到我们的实际生活中，比如"反者道之动""虚者实之用"，这些思想在混序小伙伴身上发挥了重大作用。无论我们做什么事，一定源于形而上的意识和想法，它们是看不见摸不着的，却在支配我们的行动。除了意识和想法，我们还有潜意识，它同样不容易被感知到，却在发挥作用。

正如虚的意识和想法支配着人的实际行动一般，我们也要在大脑中留出一部分"空"的位置。空才能承载，满是进步最大的敌人。警惕自我满足、自我正确的人性短板，保持对自我的审视和反思，应用好知、行、评、思、变五步法，螺旋式成长。这样就如黑格尔所说，"看似回归原点，却是上了一个台阶"，你的能力和境界就已经提升到新的层次中了。乔布斯在演讲中曾提到："Stay hungry, Stay foolish."（持之以饥，怀之以愚。）保持学习的状态和态度，你总能学到新的东西。

⑨ 持续学习和行动

学习不是"三天打鱼，两天晒网"的事，应保持持续学习的心态，快速行动。对待学习要敢于"开枪"实践，把学到的内容放到现实中检验。不要怕开枪打不着，只要开了第一枪，第二枪、第三枪肯定会越来越逼近目标。这一过程中肯定存在个人天赋的差异，有些人第二枪就打中了，有些人可能第七枪才打中。没有关系，学习曲线会让你永远逼近目标。

人类最厉害的能力就是学习能力，不要浪费这种能力。我们常说，一类企业做标准，这个标准是怎么来的？从集百家之长，去百家之短的实践中来。它们是在行业熔炉里炼出来的真钢，经得住时间和客户的考验，因此才能作为行业标准。

学习可能要交学费、摔跟头，正如不呛水就学不会游泳一样。所以我们要以包容和理解的态度对待团队学习成长中可能犯的错误，正确认识学习的代价。不要用成败论英雄，成败没有唯一的标准，都是相对的。同一件事，从这个角度看是成功，从另一个角度看就是失败。

紧盯当下，看看和过去相比自己通过学习取得了什么样的进步，通过行动式学习获得了什么样的小成就，实现了什么样的小目标。持续学习行动，当你走到人生尽头的时候蓦然回首，你获得的成就或达到的人生境界已高耸入云。"不积硅步，无以至千里""不积小流，无以成江海"，持续的行动式学习就是帮助大家遵循学习曲线，不断逼近自己的人生目标。

很多人想一夜暴富，但实际上真正的财富是慢慢积累起来的，这才是大多数普通人可以通过努力走上的致富之路。当你认识到"持续学习和行动"这件事的强大力量，就会持续专注地投入你的事业，不容易半途而废。这就是巴菲特的复利致富的理念，也是犹太人积累财富的秘诀。

第 10 章

修炼七：
破圈层，干副业

近几年大环境变化很快，很多人对此手足无措。没有什么是绝对稳定和可靠的，提高自己以变应变的适应性能力，才是未来的生存之道。想做到以变应变，就要多学一些本事，多干一些不同的事儿，多认识一些不同行业和不同层面的人，这样才能为自己寻求更多的合作机会。不论为了生存还是为了发展，这些都能让我们在充满不确定性的世界中多一些保障。

万事万物都是瞬息万变的，《易经》的核心就是变，佛家讲的"一念三千"，也是在讲变化。生生不息里蕴含着变化，隐含了一个轮回的周期。春夏秋冬是一个周期，生老病死也是一个周期，什么事情都有周期。道法自然，顺势而为，顺应变化，就是《易经》教给我们的智慧。

变化是常态，这一点我们要先想明白，先解除自己心里的"堵点"，再考虑下一步要做什么。很多人被自己的习惯和小富即安的心态困住了，像温水煮青蛙一样对外界变化的觉察不再敏感，甚至在经济低迷期到来时让自己的生活无以为继。

社会的巨变让我们不得不重新思考过去的生存方式和工作方法，此后以小团队方式开展的项目和工作将被更多人接受。职业这个概念将不再只与专业相关，也不再是一成不变的单一内涵，越来越多的人主动或被动踏上一种移动式、网络式和开放式的生存之路。他们跨越圈层，走出行业的边界重新聚合，创造新的产品或者服务，慢慢从边缘走向舞台的中央。未来有关主业的定义将会变得模糊，主业和副业的边界将会消失，人们的谋生方式将更加多元化，适应能力更强。

获得职业成功的方式已经改变，不再是"你在哪里上班"，而是"你在做什么"。设想一下我们从事的工作，一头是安稳的职业，另一头就是失业，我们是否只有这两种选择？其实在二者之间还有很大的选择空间。人们经常说的自由职业、移动式就业、临时工作或者像在美国的自由职业平台 UP work、任务兔（Task Rabbit）上找到任务式的自由零工，都是如今很普遍的就业方式。

这对于我们上一代人而言是不可想象的，他们几乎全部希望能有稳定的全职工作、持续增长的收入、享受退休待遇。但对于今天的人来说，更灵活、更有自主权、更能掌控工作时间和强度、更有成就感，以及有空闲的时间旅行和享受生活更为重要。工作方式更为灵活和多元，从过去的传统企业—员工的单一方式，到现在更加机动的平台—个人方式。

无论在美国还是中国，越来越多的年轻人选择了这种项目化的生存方式。他们从通勤和朝九晚五的工作中解脱出来，彻底走出了往返于办公楼和抵押贷款房之间两点一线的传统生活。他们更注重生活中的各种机会，与更多人建立关系，从员工心态转变为机会心态。他们不再问"我能找到什么工作"，而是问"我能做什么新东西""我能创造什么价值"。他们开始增加曝光率，通过短视频和社交媒体提升自己的形象，并开始塑造自己的人设，建立跨阶层的人脉。他们开始走出对失败的恐惧，直面不确定性带来的风险，开始对稳定带有深深的怀疑，慢慢学会为了不确定的未来增加自己的技能，用更多的本领给自己创造安全感。

① 提高弹性生存能力

人一定要多练几套本事，在做主业的同时孕育自己的副业，培养弹性生存能力。在阳光灿烂的日子修屋顶，在得意的时候准备多项技能。可以尝试一些不同的领域，在新兴领域冒冒险探探路，也可以尝试一些社群或互联网轻资产项目。这些项目不占用你的空间，只需要花点时间。

之前的小团队管理主要针对做项目以及企业内部的小团队创业，现在看来小团队的范围还在扩大，普通人经营副业也可以用小团队的方式。不妨趁年轻时学习能力强，早做准备，让自己有机会填平未来可能遇到的收入波谷。具体说来，可以把平时的娱乐休闲时间压缩一下，发展副业，逐步积累经验、储备知识、提高能力。

刚开始做副业时可以单打独斗，但真正要做到有收入而不是自娱自乐，就要组建小团队。个人独自拥有的能力大多被称为技能，真正能创造新财富的能力不是技能，而是让你突破技能天花板的一种更强大的能力，也就是通过组织团队创造 1+1 > 2 的力量，是组织、协调、控制、管理的综合能力，这才叫能力的升级。技能完全依附于个人，如果你生病了，技能就暂时无法发挥作用。有了带团队的能力，让组织去赚钱，身体不再是赚钱的唯一工具，你就真正把自己解放了。

人受限于自己的身体，但不受限于自己的心。我们应该适应自然规律，在不同年龄阶段担负起应该承担的使命和责任，而不是选择躺平。这需要我们顺应大势，不断调整自己的心态和状态，多尝试不同的事，在做事的过程中，主动适应社会的新需求。

只要有人就会有各种需求，只不过服务方式不断发生变化。不要固守过去的做法，而是先从思想上解放自己。人的确有局限性，但很多局限是自己给自己设定的束缚。如果你还没有尝试，就别给自己下论断，不如胆子稍微大一点，走出舒适圈。大部分人害怕冒险，看重安稳，但从长远来看，只有在进取中才能获得安稳。这就像足球比赛，最好的防守是进攻。

现实中，那些 35 岁被裁员的人难道不想求安稳吗？这个世界的规则不是按照我们的意愿来设定的，求安稳的人往往最不安稳。为什么呢？人们一旦求稳就容易失去进取心，停止自我迭代、自我升级。他们往往不能顺势而变，不能顺应时代的发展与时俱进，无法用新的认知追上快速变化的观念。

⑫ 从小团队开始破圈

人们往往对缓慢的变化没有知觉，长时间待在稳定的环境中就像温水中的青蛙，想跳出来的时候发现已经跳不出来了。正如温度是在青蛙不知不觉中一点一点升上来的，如果我们贪恋舒适圈，对环境的变化就会迟钝。

世界的规则就是这样的，当你沉浸于内在的满足和小富即安的时候，就会忽略外部环境的变化。病毒能够长久生存，比人类历史还要久远，就是因为它最大的本领就是能够适应变化，不停地根据变化实现进化，这就是病毒的生存本领。

我们现在面临着一个前所未有的经济形势，过去 20 年经济一直在走上坡路，高速增长，现在逐渐平缓。在这种情况下，我们更要向病毒学习以变应变的生存能力。学习病毒的应变本领，首先要知不足，明白自己能力的短板；然后是不知足，立即行动起来，从简单的一个点、一件事、一个项目开始，重塑自己的能力结构。

能够组织几个人建立团队就是一种突破性的能力，这不是多学几项技能那么简单，也不是技能的横向扩张，而是一种全新的能力。这就是通过团结他人、激励他人合作共赢的能力。通过小团队的方式做事不再完全依赖个人，尤其是具有多元能力的跨界团队更加灵活，更能抵御外部风险。

过去个人都依附于单位、机构，外国人见面会问："How are you?"中国人会问："你是哪个单位的？"在不同文化中对人的属性有不同的认知，在当时的中国如果你没有就职于某家单位，就好像不务正业一样。

其实，不同的岗位或者不同的工作训练的是不同的能力。自由职业训练的是人的生存能力和应变能力，在单位里你获得了暂时的安全感，代价是失去了应变能力以及创新能力，渐渐地就被固化、塑形，变成一颗螺丝钉。我更鼓励大家向兔子学习，俗话说"一个萝卜一个坑"，兔子跳到坑里挖萝卜，一旦坑里没有萝卜，兔子马上就能换一个坑。

要敢于组建团队，闯出一条属于自己的路来。不靠天不靠地，一切靠自己，首先就要从价值观上突破自己的局限。

⑬ 走出依附，活出自我

佛教创始人释迦牟尼为什么会创立一个众生平等的宗教？

它其实源于古印度婆罗门教不平等的种姓制度。种姓制度没有人性，人一出生就被分成三六九等，那些不幸出生在贱民这个阶层的人，都不配和上层等级的人呼吸同样的空气。一般观点认为，释加牟尼这个帅气的尼泊尔王子放弃了优渥的生活，普渡众生。我则认为释加牟尼是真正的战士，直接反抗"吃人"的种姓制度，冲击不合理的宗教等级，提出众生平等的思想。

众生平等的思想意味着追求人人平等，但是在古代社会，哪能实现人人平等？中国传统文化崇尚君君、臣臣、父父、子子，女性在家要听父亲的，出嫁后要听丈夫的，生了儿子要听儿子的，那么女性自己的身份是什么呢？而老子讲天人合一、阴阳转换，认为彼此是对方存在的前提。老子和释迦牟尼一样都是提倡把人从阶级压迫中解放出来的思想先行者，他们强调了人的主体性，以人为本。

直到现在，很多人仍然主动把自己放在从属地位，总想找个人依靠，总想找一个靠山。经过这两年的磨练，越来越多的人开始勇敢走出求稳心态，尝试各种新的生活技能和更多岗位的训练，更有很多人走上打造个人 IP、小众品牌、灵活创业的道路。组团队、找合伙人、找志同道合的小伙伴一起做项目，拍抖音、拍短视频、写公众号、运营小程序商城、发起社群众筹项目，等等。

小团队不强调从属等级关系，大家都是人人平等的合作伙伴。团队在形式上有个老大，有个队长，有个组长，他带领大家的权力是大家授予他的，在团队里人人都能发挥自己

的本事和技能，同时也要和他人协作，实现共同目标。团队
领导者是一个协调的位置，一个临时岗位，而不是一种级别，
这个岗位在不同项目里可以由不同的人去担任。

现代社会给我们提供了全球化的在线社交平台、相对公
平的共享经济环境，以及自由组团的社群基础。不妨在经济
低迷的时候就开始尝试练习组团队、带团队的能力，等到经
济由冷转热、从冬到春的时候，你已经做好了准备，就能抓
住下一轮经济周期上升的风口。

财富是要靠智慧、认知或知识创造的，我们要认清自己
的处境去学习、去改变。穷则思变，但光思还是不行，要立
即着手干。学习强调在行动中确认方向，马上行动，行动才
是改变现状和提高能力的根本。启动你人生中第一个小项目，
组建一个小团队，带小团队就是从个体技能走向集体作战的
具有跨越性的第一步。现在能带 3 个人的团队，以后就能带
10 个人的团队，带过 10 个人的小团队后就能尝试带 100 个人
的大团队，其中的道理是相通的。

想要带好团队，首先，要考虑"义"，义利不能两全，
常常会引发冲突。在一起奋斗的过程中，有些人取利，有些
人取义，更了不起的是有些人为了更高尚的价值舍生取义。
你有情有义，大家就愿意跟你一起干。有了几百个铁杆粉丝
再去做轻资产，尝试不同项目，在小范围内就能行得通。其次，
要用全新的方法，创造新的服务方式来满足深层次的还未被
满足的需求。

　　以混序部落里的创业者晨冰为例。她带团队做睡眠改善方面的项目，睡眠体验官就是在混序部落里诞生的新的职业方向。她从健康空气枕的推广者到睡眠体验官的转变，创造了一个崭新的细分市场和职业岗位。

　　混序部落里的天鹅湖酋长一开始也是单位的螺丝钉，但是她有危机感，离职出来尝试创业，尝试通过组建小团队，用灵活的方式做社区收纳项目。她做得很好，并且把周围可利用的人力资源都用上了，客户非常满意，不断为她介绍新客户。

　　走出舒适区，和其他人联合起来，尝试从小事开始做起。在收获肯定的同时也能吸取用户的意见不断改进，直到有人愿意为你做的事埋单，你的商业模式就初步成立了。不从消费者出发的需求和服务，会为此交纳昂贵的学费。

④ 勇气比水平更重要

　　庄子写过蜉蝣的故事。蜉蝣只有一天的生命，却演绎了最壮美的一瞬间，诠释了刹那即永恒。蜉蝣的故事让我们明白一定要努力绽放生命的精彩。

　　尼采说："每一个不曾起舞的日子，都是对生命的辜负。"这句话提醒我们永远不要自暴自弃，不要哀叹过去，不要追忆过去的辉煌。生命永远在流动，时光一去不复返，过去对你毫无意义。

从当下开始，打破自己的依赖性。未来淘汰我们的很可能不是别人，而是算法和人工智能。人类有一种能力是机器人学不到的，就是组织能力、领导能力、整合资源的能力，而组织能力中激发人的能力就是带团队的核心能力。

把志同道合的人组织、鼓舞起来，从零到一、从无到有启动一个项目，去验证、迭代、改进。不要害怕失败，也不要害怕自己水平有限，在从零到一的过程中，勇气往往比水平更重要。

很多人在做事的时候瞻前顾后，夜里想了千条路，一觉醒来走老路，把未来蓝图在脑中规划了千百遍，就是不实际迈出一步。我问过其中许多人："你总说3个月前就要启动，怎么到现在还没有动静？"理由不外乎如下3个：一是担心自己的能力和水平不够；二是害怕失败被别人看笑话；三是总想等到条件充分、资源到位以后再开始。这些念头总是挥之不去地困扰着他们，使他们迟迟不敢启动项目，失去了许多转瞬即逝的大好机会，甚至遗憾地错过了在黄金年代上升期的时代红利。当他们看清楚、明白过来赶紧投身进去的时候，往往成为最后一棒的接棒人，很多人到现在还深陷其中。

我每天都会接触来自全国各地的不同项目的创始人和各种追赶潮流的产品经理们，他们中也有一些抓住机遇获得成功的弄潮儿。这些成功者身上有一个共同点，就是在时代的风口来临时，敢于冒险。无论条件是否具备，他们敢于先向前试探性地迈出一步。"先干起来再说"，这是我常听到的他们的口头禅。这些人更相信"不试一下你怎么知道行不行"，而不是"万一失败了别人笑话我怎么办"。后来我在给创业者培训的时候总喜欢说一句话，就是勇气比水平更重要。

⑤ 混是连接，序是组合

混序部落里常说"混是连接，序是组合"，而组合就是创新。看看乔布斯的 iPhone，把零件拆出来，哪一个是他发明的呢？哪个都不是。所有零件的技术都是成熟的，乔布斯把它们重新设计、组合，诞生了一个划时代的、颠覆了传统手机的智能手机，开创了智能手机时代。诺基亚为什么辉煌不再？摩托罗拉为什么由盛转衰？它们循规蹈矩，没犯什么错，然而突然冒出来一个 iPhone，把它们全部颠覆了。

"混沌"代表的是"能量"和"信息"自由组合而涌现出的一种"创新力"和"创造力"。iPhone 触屏的诞生，就是（苹果）混沌吮吸着（摩托罗拉）秩序的营养，孕育出的新事物、诞生出的新产品、创造出的新的商业模式。这个时代成功企业的密码，就是"混沌"打破旧的"秩序"诞生新的"秩序"的逻辑。

即便大企业也会陷入温水煮青蛙式的自我满足和固步自封，因此，无论大企业还是个体，都要快速主动地适应变化。混序思想就是一个变化的思想，混沌是自由，自由激发创造力。

混沌是没有边界没有限制的，也没有分别心。人人都有权发表自己的意见，将自己的想法与人共享，人人都有权和别人平等合作。混沌是激发人的地方，是释放每个人内心洪荒之力的地方，没有等级秩序。

人通常是盲目的，然而比盲目更可怕的是思维的单一。我常常举一个例子，蜜蜂和苍蝇都被放在一个玻璃瓶里，人们把瓶底朝着有光的地方。蜜蜂永远朝着有光的地方飞，因为过去的经验告诉它们有光的地方就是出口，蜜蜂不停地撞击瓶底，没有一只逃出去的。苍蝇到处乱飞，到处撞，结果都从黑洞洞的瓶口飞出来了。谁说光明的地方一定是出口？有时候黑暗的地方才是。有时光明甚至是诱饵，骗子就是用这种方法让人一次一次交学费，一次一次受伤害。

你坚信有光的地方就是出口，就有未来，这不一定！要创新就需要混沌，要走一条新路就需要自由，需要各种想法和各种尝试。一切都是相对的，都是因时因地而异的，不如根据实际情况改变自己固执的念头，打破过去习惯了的陈规陋习。如果你偏执地认为从前正确，那些正确的东西往往就是害死你的陷阱，往往也是不法之徒利用你的认知局限收"智商税"的通道。

⑥ 在逆境中求变，创新才有出路

人就是要在逆境中求变。大家都很嫌弃苍蝇，但是论生存能力，我觉得苍蝇比蜜蜂强，因为它不认死理。很多人喜欢讲所谓干货，讲很多方法，这些都是中国人很擅长的"术"。虽然大家也讲"道"，却少有人真正琢磨"道"的底层逻辑。

因为"道"有点反常识，大家都喜欢盲从，不愿意独立思考。听别人的很方便，别人抢什么自己马上跟进，所以大家成了一波一波等着被别人割的韭菜。"道"是拿来干什么的？是用来无中生有，生发万物的。

"道生一，一生二，二生三，三生万物。"能够生出"一"，先把"一"立住，活下来。"道"能够生发新东西，还能够让新的东西自我生存、自我复制。老子的这句话已经把做事业的道理讲得明明白白。

混序部落里的创业者常常讲"混出创意，序出结果"，混沌里才能生发新的东西。我们很多人做事，一上来就说我有定见，这就是以自己的想法替代了"天"，用自己的逻辑替代了"道"，没有真正按照规律来做事。

谋事在人，成事在天。"天"代表背后隐藏的、不可琢磨的、不能识别的内在的道理和力量。什么叫交好运？那是因为背后暗合了一些规律。只有我们的行为符合自然发展规律，才能够借此预测未来趋势，才能够大致朝着正确的方向走向未来。

如果你的行为是反趋势，那么你很难成功。世界并不是由先知设计出来的，是由每一个个体不停地在各自的领域一点点探索出来的。小团队这一方式就是让大家集合力量先去尝试。为什么我鼓励大家先做群主？做群主就是带小团队的入门启蒙。我们虽然讲的是小团队的管理，本质上还是在讲人性。能够把群经营好，在群里团结几百个人，就具备了一定的组织和管理能力，就能为下一步创立项目、摸索出适应时代的模式打下综合能力的基础。

当今社会，各行业都面临着升级和换代，遵循传统的方式必然走向内卷。比谁的价格低，谁能弄虚作假压低成本谁就胜出，劣币就是用这种方式驱逐良币的，最终结局就是整个行业失去底线，直到彻底垮塌。

新创事业，另开赛道，另辟蹊径，不能再干内卷的事，不能通过无下限的竞争获取自己的生存空间，我们不能走这条路。中国提出未来要高质量发展，这意味着未来会诞生服务于高质量生活的新的行业、新的岗位、新的职业、新的商业模式。长江后浪拍前浪，我希望看到一代一代后浪把前浪拍到沙滩上。

后浪、前浪不仅是跟年龄和时间有关的概念，而是指思想观念，是指思想的更新换代，思维和理念的更新换代。时代永远需要创新，不管在什么岗位、什么行业、什么职业、什么圈层，思想永远要保持更新，让自己快速跟上时代。不同的时代呼唤不同的业态，不仅要跟上时代，还要能走在时代的前面。

⑦ 创立社群，孕育项目

传统固定的就业方式正在被灵活就业和移动就业替代，固定工作方式也正在被一主多副的工作方式冲击。如果你有一项主业，有一点小小的保障，就可以尝试开展副业。你的主业限制了你的时间和空间，但 8 小时之外你可以在手机里、社群里、各种平台上找到跟你技能互补的人，从自己热爱的事情着手，找到适合你的新的商业机会。做小团队不是马上注册小公司，而是项目化生存。项目化生存有高度的弹性、及时性和应变性。

如果你还没有带过团队，可以先从做群主开始。群主的工作不只是服务大家，而是激发群友。不是你绞尽脑汁写文案，而是激发大家创作、分享各自的内容。你在这个过程中要引导和启发大家，确保分享的内容和群友产生连接和共鸣。

如果在你的社群里通过激发大家分享，形成一个自发交易合作的自由市场，你的群不就有平台价值了吗？这就像你开了个网上市场，每天有 300~500 人自由展示和交易，有卖家也有买家，成交后给 5% 的市场管理费。市场上的人是流动的，所以你每天都要移除几个不活跃的潜水者，再引几个新人进来。

群不活跃都是因为内部凝固板结，成员变成了生锈的钉子。我们的细胞每天都要新陈代谢，所以你能看到生长。生长靠什么？交换！氧气和二氧化碳的交换，水和体液的交换，食物和热量、脂肪的交换。正因为生命每时每刻都在交换能量，我们才活着。什么叫活着？就是系统内部不断有内容产生和交换。

把群整明白了，就能明白带一个团队和管一个公司的道理。什么叫有创造力的公司？什么叫可持续发展的组织？最重要的就是要看内部的交换功能是否畅通。压货就不畅通，货卖出去不能及时回款也不畅通。没有现金流，就像血液运行不通畅一样，血管堵住了就会导致心梗、脑梗，甚至猝死。交换功能衰竭，人体就会走向死亡。

社群的健康与人的身体健康是一样的道理，热情主动的互动可以让社群更加活跃。活跃度还要看社群里有没有发生交换行为，但不要偏颇地将交换理解为做生意。交换的内容有很多，可以交换虚的，也可以交换实的。

这两年很多行业都受到了冲击。混序部落聚集了大量来自旅游业、娱乐业、餐饮业、航空业、进出口行业、房地产行业的小伙伴。他们中的很多人都经历了失业、降薪，又找不到新的出路。一个群主之前的工作是东南亚旅行团的导游，因为旅游业形势不好，他失业了。一起失业的同事们都叫苦连天，也不知道去干啥，眼巴巴在家等着形势变好。他进入部落后，在群友的鼓励下迅速找到了新职业——做直播。因为他做过多年国际导游，又很喜欢研究国外的风土人情，读了很多相关的书，说起很多国家的景点、文化，都如数家珍，所以他直播做得风生水起。随着粉丝数量越来越多，他还创立了个人品牌，联络了他过去的同事一起建立直播矩阵，形成了较有影响力的网红小团队。他们挑选东南亚的特色产品直播带货，帮助国内的家长选择国外的学校，帮助网红挑选国外的设计师品牌，在这个过程中还开发了一个以他们自有品牌命名的网红产品。随着线上的跨境业务越来越多，他们的收入比之前还高。

这也给我们提了醒：人不能只有一种谋生能力，否则一旦行业遭遇意外，你可能就会束手无策。每个人都要有居安思危的意识，在岁月静好的时候就应该想想，万一这行干不成了，我还能做什么。根据自己的特长或爱好，做一个职业备份。比如做教培的关注一下儿童心理健康领域的培训，做民宿的可以关注一下生态农场和预制蔬菜，做餐饮的关注一下家庭私人厨房，让自己具备多元竞争力，不至于突然失业的时候抓瞎。

⑧ 混出创意，序出结果

如果把社群看成一个生命体，虚的就是大家分享的知识、思想、理念、态度；实的就是产品、服务和 IP。有时虚中蕴含着更大的价值，这是老子的观点，无用之用，谓之大用。

小团队如何发挥虚和实的作用呢？小团队只是个形式，就是我们说的"器"，一定要留一些空的部分：不预设立场、不以自我为中心、不用自己的主观意识把它塞满。要留出与团队成员共同发挥创意的空间，容纳多元的提案，从"混沌"里生出好主意。虚和实结合，有和无结合，才能更好地发挥团队的作用。

想想其中的哲理，对我们都有极大的启发。群里貌似空空荡荡，但如果你能够激发大家，热情也好，需求也可，欲望也罢，都是由虚转实的前奏。万物都是在有和无的转换过程中逐渐呈现出来的，尤其是新物种和新行业。把社群变成一个场域，激发里面的参与者。

从当群主开始学会组建一个团队，在一来一回的交流碰撞中，就能推倒一个合作的重大障碍，快速跨越不信任这堵墙。人与人之间减少了防备和怀疑，合作就是顺其自然的事。

人一定要把"一招鲜吃遍天"、靠个人技能吃一辈子的观念抛开。时代不会给我们这样的机会了，技能会过时，也会被人工智能替代。就算你的技能持续与时俱进，但只靠个人能力也很难获得一种长期的安稳。我们的身体处在变化之中，生存环境也越来越充满不确定性，应该走出舒适圈，走向带领团队创造价值的道路。这条路正与目前很火的概念"元宇宙"中分布式、去中心化、自组织的观点不谋而合。未来不远，就在门口。

在蚂蚁的视角下，我们就如同上帝。有时候我们看到蚂蚁搬食物，心想这一群小家伙吭哧吭哧忙着生活，辛苦得很。它们就算是蚂蚁世界的劳动模范、人大代表，或者有机会在蚁王身边当个大官，又能怎么样呢？这对于我们来说没有任何意义，这就是不同层级和维度下的不同视野和格局。

我们永远只能在有限的认知里定义自己，因此不必执着于眼前的功名利禄，应该活出自我生命的精彩。就像蜉蝣一样，虽然只有一天的生命，但那一瞬间它的翅膀在阳光下折射出来的自由的光辉和生命力，就是生命的价值。以万物进化的视角来看，人活 100 年宛如一天，从太阳系的角度看，我们就是蜉蝣。生命的过程就是生命的意义，所以我们要尝试新技能、尝试新事业、尝试新生活，过有价值的人生。

第 11 章

修炼八：

划利益，分蛋糕

　　带领一批人开启一个新事业，不仅要有一个美好的愿景，还要有一个切实可行的利益分配机制。可能有人会说"还没挣到钱就谈分配是不是太早了"，还有人会说"事做成之前看不出谁的贡献大，把事做完了再谈分配"……这些都是我经常听到的一些创始人的观点。应该说这些观点有一定道理，但是忽略了最重要的一点，就是人要有一个确定的预期才会全身心投入。

　　因此，无论是刚刚起步的创业项目，还是进入高速发展阶段的中型公司，抑或是一个成熟的大型企业，任何阶段的组织都需要针对权力和利益的划分制定相对确定的制度，在基础制度之上再根据实际情况进行修订和完善。这样的制度哪怕是在初创小团队中也是必要和紧迫的，它相当于在人与人之间建立契约，有了它，每个参与其中的人的利益都能受到法律保护。尤其是在信用和诚信亟待完善的地方，大家更依赖白纸黑字的约定。分蛋糕的核心就是要会谈钱，很多人不好意思和团队成员谈钱，认为谈钱伤感情。实际上不谈钱更伤感情。那么如何谈钱呢？

⑴ 先说断，后不乱

关于团队的收益分配一定要公开讨论，不能不谈，而且不能私下谈。这里有两个基本点。

第一，把不同人投入的不同资源作为分配依据。有些人出钱，有些人出力，有些人出技术，有些人出关系，大家都有分配权，各自获得适当的分配比例。

第二，分配要分两次进行。第一次是按资源和投入进行股权分配，公司的发展和股东的进出以及外部投资者的进入通过股东会议进行调整，股权分配要通过公开协商的方式进行；第二次是劳动报酬分配和激励分配，要根据公司的成长阶段进行，先低后高。

无论是第一次分配还是第二分配，原则上每个股东都要有知情权，都应该准备好完整的财务资料。大股东、创始人以及公司总经理不得用自己的权力隐藏部分信息，否则将会导致未来企业经营中的巨大管理隐患。

很多传统企业的老产品滞销，新产品又开发缓慢，营销做得不好，于是跟做小视频、社交媒体的小团队合作，让他们负责直播带货、运营营销。在这种情形下，该企业就和小团队形成一种合作关系，如果要做股权分配，他们各自占多少比例合适呢？这是我经常遇到的求助问题之一。

一个负责运营，一个产出产品，这个蛋糕两边各切多少合适？视频运营团队认为，"现在营销为王，品牌都需要宣传，酒香也怕巷子深。我们得占60%，你们占40%"。你有你的道理，人家也有人家的道理。对方说，"我的产品非常好，成本也很高。你们占的比例太高了，这还不如我们自己做运营"。双方都有道理，那各自占多少比例合适？

什么叫合适呢？你提出一个比例，对方同意并达成协议，这就是合适的。在一定的强势或垄断状态下达成的协议不是真实合理的比例，即使一方出于权宜之计签下了合同也不会维持长久，反而像埋下了地雷。因为分配蛋糕的比例必须基于对双方价值的相互认可，必须你情我愿才不会埋下扯皮的隐患。就算一方占80%，另一方占20%，只要"一个愿打一个愿挨"，就是合适的比例。

我遇到的另一个常见问题就是，就小团队这一方式来说，有没有一个普遍适用的分配比例。答案是，没有。如果合作对象认可你们的价值，即使你们要求的比例高，对方也能心甘情愿跟你们合作，那这个比例就是合适的。这需要一个沟通和了解的过程。

除非对方是寡头型垄断平台，那样就没法谈判。有一方处于垄断地位的商业关系，弱势一方是没有谈判余地的，这就类似于"店大欺客"。对这种情况我们不予讨论，我们此处只关注大部分普通项目的合作。

② 一切为了把蛋糕做大

实际上只要能共同把蛋糕做大，你拿的比例再小，以后能分配到的数额也是可观的。如果盘子能做到 1 亿元，10% 就意味着 1000 万元，但如果盘子只有 100 万元，你即使占90% 也只有 90 万元。

有关小份额大蛋糕的分配模式，很多企业家在这方面都做出了表率。任正非只占华为不到 1% 的股份，剩下的股份都由华为核心骨干持有。把利益分出去，让骨干参与者都有权利分红，这是造就华为神话的重要因素之一。

德鲁克曾经说过，所谓"平等"，是要给大家共同创造和分配财富的权利。平等就是要体现在这一点：每个人都有创造财富的权利，然后才是分配所创造财富的权利。老板一个人占尽收益，其他人都是打工人、是企业成本，如果现代企业如此分配利益，是很难做大的。

很早以前，华为等企业就已经改变了员工的身份。员工不再被视为成本，而是可以和企业一起创造财富的人力资本。

尤其是高科技企业，不能把人简单地看成劳动力，而应该把人视为人力资本。人力既然成了资本，他的身份就是企业合伙人，就可以参与资本的分红，这与以往就有了本质的区别。人力资本的招募、维护、培养和使用是华为作为高科技创新型企业标杆的"灵魂任务"。

成功企业发展稳定后，灵魂任务就是吸引人才。我在天士力集团推动内部创业十几年。2002 年，天士力集团上市募集了几十个亿。钱拿回来就必须得做事，拿股东们的钱就得给股东们创造利润和分红，那么，怎么才能做到每年都保持增长？大家都明白，通过项目实现增长，关键是谁去做项目变现呢？现实告诉我大部分项目都会赔钱，怎样确保这些钱能够带来正向的、超额的回报而不是亏损和失败？没有人能保证。

但是我们可以考虑吸引一批能够创造超额价值，未来带来高额回报的人才。而人才就有太多可能性了：创造新的财富、新的赛道、新的产品、新的领域、新的市场。未来要赚的钱一定在新兴的赛道、技术、市场中。我当时的灵魂任务也跟任正非、马化腾一样，一边在外面吸引人才，一边在内部培养人才，培养创富的人才。我采用的方式也和华为一样，让员工成为股东，让人才成为合伙人。

为什么要在公司内部主动发起项目？很多人认为做好本职工作就可以了，但本职工作只是工作的单一技能，要通过工作增加自己的多项复合能力，就要靠做项目。在高度竞争和快速技术升级的环境里，只有不断创新才有出路，通过项目才能发现新的领军人才。我们并不是要赌哪一个人能成功，哪一个项目能成功，而是要通过新项目不断开拓新市场、新技术、新产品和新的利润增长点。领军人才是最稀缺的，是可以打开一方局面、开拓创新的重要资源。

我们再从历史中学习一下。秦朝末年，各地起义军众多，为什么只有刘邦成功了？刘邦最开始追随的是陈胜和吴广，而陈胜和吴广不会做团队建设，只知道满足自己。他们没有把一块打天下的兄弟当成人力资本，而是当成打工仔，当成人力成本。他们既不会带团队，也不会分蛋糕。

他们在起义之前说得好，一起喝酒一起吃肉，结果打胜仗以后自己独占。陈胜和吴广是怎么死的？被身边的亲信杀死的。刘邦虽然起步的时候规模很小，基础也不好，但他特别能照顾兄弟，只要他有的，大家都有一份。分好蛋糕才能给大家长远的盼头。这就是两种截然不同的带团队的方式。他们最后是什么结局呢？陈胜和吴广死得不明不白，什么也没有留下；刘邦建立了大汉帝国，成为西汉的开国皇帝。

要分好蛋糕，带头大哥就要心里有数，真正的人才一定要被纳入资本分配，要把他们当成创始团队合伙人看待。能够长期能给公司创造未来财富的，能够弥补创始团队短板的人才，一定要将其视为人力资本，而不能只是简单地把他们当人力成本。应该通过利益分配的约定，保障他们的合伙人地位。

⑩ 功劳要奖励，苦劳要安抚

还有一个常见的问题，吃大锅饭，谁也不得罪。这是个老问题，却有新情况。对项目没有重大贡献但兢兢业业的人该不该得到奖金？功劳和苦劳如何平衡？所谓"奖金"，到底是奖励什么？

一部分人认为，奖励要给做出成绩的员工，那些只把本职工作做好的员工跟奖励无缘，只拿基本工资就够了；还有一种观点是，功劳值得被奖励，苦劳也应该被奖励；再就是鞭打快牛，能力越强任务压得越重，但奖励制度跟不上，等等。这些问题很常见，比如，通常来说能抓住客户的人能力强，拿到的奖金也多。在公司其他岗位的人好像没有什么价值感，也看不到获得奖励的希望。

一些项目的任务和负责人的考核很难量化，其贡献大半也不容易得到客观性评价，尤其是一些研发项目。对于功劳和苦劳如何分配，我认为要在项目的不同阶段采用不同的办法。初创阶段应该着重奖励对公司有重大贡献的相关人员，千万不能让员工吃大锅饭。

如果这个时候你给大家都平分奖金，真正伤害的是能帮你打天下、立战功、开拓市场的骨干人才的积极性。这可能会导致发展势头下降，有能力的人跳槽。因为他们感觉在这里没有受到重视，干多干少一个样，干好干坏一个样。

初创期一定要奖励有功劳之人，不能寒了那些为你打天下的干将们的心。对于没有做出突出贡献但是不离不弃跟着队伍前进的那些人也要有相应的安抚措施，比如，对有苦劳、忠心耿耿的成员可以在带薪假、交通补贴、住房基金、全勤奖等方面给予一定的政策照顾。过了初创期，团队管理就应该走向制度化、规范化，引进专业的人力资源管理方法，制定与结果挂钩的类似 OKR（目标与关键成果法）的量化绩效考核。

为了兼顾组织的效率与公平，在实践中通常还会采取隐形的二次分配。所谓二次分配就是指在政策以外的隐形补贴，通常用于培养第二梯队的骨干成员和一些青年拔尖人才。他们由于还没有成为一线领军人物，无论公司的长期股权激励还是重大项目奖励，都有可能得到的很少。但是，他们是公司的骨干重点成员，所以，团队需要给他们政策以外的福利，比如出国培训机会、参加重大行业论坛、资助 EMBA（高级管理人员工商管理硕士）的学习等具体措施。

⑭ 老人给存量，新人分增量

存量和增量该如何分配，这也是我们在分配中常见的一个问题。存量可能是前面一批人贡献的业绩，自然就要照顾到最早的一批元老级人物。首先，不能来了新人就忘了老人，新人有新的市场、新的业绩、新的贡献，有他们要去拼搏的天地。其次，也不能因为新人业绩好就抛弃老人，但如果不管什么时候都把老人带上，这样对新人不公平，也容易留不住新人。这个时候通常的解决办法就是要把增量和存量分开考核。新项目设新的合伙人，用新的股权参与分配，也就是说，新人新办法。

后起之秀通过新项目创造的收益，老人不能参股，老人只能在他们过去的盘子里参与分配，不能参与新盘子里的分配。新的团队开创了新的跑道、新的市场、新的客户、挖掘出新的收入，收益就应该归新人。新人必须在新盘子里拿大部分，在老盘子里拿小部分。这样既能和过去的盘子有关联，又鼓励了新的团队创造未来，杜绝了他们在公司里"摘桃子"，也防止了他们"啃老"。不是只有在家庭里才存在啃老现象，公司里啃老的人也很多。很多人40岁左右就不想奋斗了，就等着退休，长此以往，如果没有新生力量的驱动，企业也很容易衰败，关门。

公司针对不同的人要有不同的规划。有些人就图安安稳稳赚个固定工资，你把他们当人力成本就可以了；但对有些人才，你必须把他们当成人力资本，人力资本越多，你的事业发展得越大。人力资本有点像古印度吠陀教说的"分身"。你看马斯克有多少"分身"，他同时展开星链、脑机接口、无人驾驶等十几个高科技创新型项目，几乎都是前人没做过的。这些项目马斯克都能做吗？他做不了。但是他找了很多个"分身"，这些"分身"是他的事业吸引来的人才，都是他的事业合伙人。

⑤ 义高于利，贤能汇聚

有贵人相助，事业就有了长远发展的基础。如何凝聚整合这些宝贵的人才资本？简单来说，就是要让义高于利。小团队管理中最关键的就是团队领导者和其他领导者要能让渡个人利益，你要是把这点想明白了，你就能带团队，这也是人性中很难跨越的一步。

团队领导者起初和大家承诺收益均分，一旦赚到钱就反悔了，这种情况太常见了。我们讲一个直播带货团队的真实案例。这个团队领导者一看赚了 100 万元，想想过去说好的分配方案，觉得不公平，心里开始觉得不平衡："我做了这么多，为什么要跟他们拿的一样多？"这时候他就要掀桌子了。他连招呼都没打，就给其他团队成员每人分了两万，自己拿了 80 万元。结果第二天就有成员来问："老大，我们不是说好了平分吗？"他说："你还好意思问，你干了什么活呢？不就是拍了几个视频剪辑了一下，这点活谁不能干呢？我给你两万就对得起你了，这还是看在兄弟感情的情分上。这点活我在外面另外找人，花 5000 块钱就能做得很好，你拿 2 万元还不知足。"

大家认为问题出在哪呢？这个团队领导者说的有道理吗？那就要看这个团队领导者是什么格局和心态了。如果他的计划是这个项目结束就不再用这几个人了，那么他能够得到眼前的"不义之财"，但这样的做法是没有办法把团队凝聚起来的。

团队成员也不会说什么，但是不管团队领导者说什么道理，他们都会认为"你说话不算数"。而团队领导者也挺委屈的，因为他们的贡献确实不如想象得大。采用的处理方式就是事业的分水岭。我们据此也能预测一个人以后能不能做成大事。如果他能够按照先前的承诺均分，坚守"老大说话要算话"的信念，尽管他心里有一万个委屈也选择了讲信用，那么，他的未来就很有前途，大概率会做成一番事业。

根据我 20 多年的观察，但凡能把事情做大的人，在初创期都很讲义气。他们重义不重利，重长远不重眼前。只要能带领一帮人做事儿，这些带头大哥都有这样的特点：讲信用，说话算数，无论对合作伙伴、客户，还是对跟随自己的人。

⑥ 带头大哥要说话算数

我在天士力集团做总裁的时候，公司每年要运行 200 多个项目。公司对这些项目收益的分配是不管的，也没有制定制度，只有一个指导性分配指南：项目经理分配到的奖金最多不能超过 40%，至少要把 60% 分给团队成员。

当时，天士力集团有一个节能项目。我们把节能成本的 10% 拿来奖励该项目团队，因为他们一年为公司节约了 500 万元能源费。团队有 8 个人，共同获得 50 万元奖金。项目经理怎么分配这笔奖金呢？当时项目经理和团队成员都很年轻，大都不到 30 岁。他们都要买车、买房、还房贷，都面临着生活的压力。

这个项目经理提出了一个分配方案，希望能得到我的支持。他想给自己分 30 万元，占 60%，超过了公司指南规定的 40%。我问他："为什么要这么分呢？"他说："另外那几个人没有干什么活，大部分活都是由我干的。"我继续问："项目分解已经把任务分配给每个人了，而且之前已经定好了分配比例，这个时候你再改主意，不仅会违背当时对大家的承诺，还会破坏公司规定，你多拿这 10 万元值得吗？你考虑过未来可能存在的损失吗？"

他回答："我考虑过了，最多他们就说我不讲信用呗！"我说："你有没有考虑过，你要是不讲信用，公司会怎么对待你？"他说："这个我倒没有考虑，大不了我就辞职。"我说："你考虑过没有，如果你因为不讲诚信而离开天士力集团，这件事很快会在行业里传开，你怎样去找到一份和你现在同等薪酬岗位的工作呢？你损失的，会不会比眼前这 10 万元更多？"

他说："我没有想过。"我继续开导他："所以，你就是被钱迷了眼。你是技术出身，又不可能自己去开工厂，还是要继续求职。你入职下一个单位前,单位会例行调查你上一份工作的离职原因。因为这 10 万元被你的团队成员投诉是很不值得的。说严重些,你这叫公权私用、中饱私囊,利用公司给项目经理的分配权,突破了公司分配指南的底线。为了自己多拿10 万元,你可能连下一份工作都找不到。你要考虑全面,不要只考虑眼前的这点利益。你现在才 29 岁,还有很长的路要走,医药行业圈子很小,不要因为这点钱毁了自己的名声。"

　　幸亏他来找了我,他听取了我的建议,回去以后偷偷地修改了分配方案。按照公司的分配制度,他最终拿了 40%,项目小组成员拿 60%。他当时是部门副经理,年薪 25 万元左右,加上项目奖金 20 万元,年收入大约 45 万元。在 2004 年,这已经是比较高的收入了。我也没有因为这件事对他抱有偏见,只是觉得他年轻,站得位置不够高,看得不够远,认为眼前能多拿就多拿,损失一点名声和口碑无所谓。可能不少年轻人都有这样的成长经历。

⑦ 长期利益重于短期利益

　　第 2 年,这个项目经理做下一个项目的时候,项目组成员达到 12 个人,项目完成后又获得了 80 万元的奖励。什么是好的领导者?好的领导者就是能够为维护团队利益和整体目标，为了长远的、集体的利益放弃或者克制自己的一部分欲望，哪怕是很有道理的诉求。

后来我也了解到，他的团队成员在项目中的贡献度确实不高，确实是他发挥了主要作用。所以，我第 2 年跟进了他的任务分配和项目进展，并要求他们在项目的任务分配计算中再精确一点，避免出现有人出力少拿得多、有人出力多拿得少这种不公平的问题。人们常说"不患寡而患不均"，通过科学的计算和分配，我们可以规避一部分矛盾。第 2 年，这个项目经理拿到 40% 奖金的时候是心甘情愿的。后来他成为子公司的总经理，正如我培养过的很多人一样，独当一面。

通过利益分配的考验和实战的锻炼，把如何分蛋糕这关过了，把分配背后的"道"整明白了，在实际利益的选择中面临"义"和"利"的挑战，才能真正成长，走向成熟，担当大任。

再如长期处在华人首富位置的李嘉诚，当有人问起他获得财富的秘诀时，他讲了一个早期的小故事。他说，"和别人做生意，每当和同行一样能赚一块钱的时候，我只赚 8 毛钱"。当时很多人不解，能多赚为什么不赚？李嘉诚表示："他们每次从我这里能多赚两毛钱，以后都会来和我做生意，我就能得到一批长期可靠的合作伙伴，而且信誉良好的口碑传出去，还能为我引来更多的商业机会。这就是后来我在房地产行业获得巨大成功的原因。"

我在天士力集团当了 12 年总经理，每年做 200~300 个项目，每个项目都涉及分配问题，涉及考验"带头大哥"怎么当的问题。有一个项目经理没和我商量，就直接把90%的奖金揣到了自己兜里，他的团队成员很快就反映了这事。我就要引导他分析其中的利与害、祸与福："你以为拿到90%是你的福气吗？那是你揣在兜里的一颗炸弹。赶紧把它退回去，否则你不仅拿不到钱，还有可能受到重大的惩罚。"

通过我的疏导和帮助，一部分年轻人从对私欲的狂热回到理性的轨道上。每个人都有欲望，每个人都想自己多拿一点，但要知道什么钱拿得稳当，什么钱对得起自己的良心。他们通过参与项目的创收和分配，树立了正确的价值观，明白了如何计算投入产出，如何计算风险收益，以及如何权衡短期收益与长期收益。

小团队的混序管理就是在充满活力和干劲的混沌环境中释放主观能动性，在秩序的底线上创造出结果，共同分享价值。其中最关键的是要通过一个个实战项目，在真实利益的取舍中，从一个个体的打工人、自由职业者变成一个合格的团队领导者，完成角色的转变和能力的跨越。

我前文讲的每一个例子都是我亲自处理、深度介入的。我是企业家，就是这样从各种小团队、中团队、大团队、公司、上市公司、集团公司一路发展到今天的，我经历的都是活生生的案例、活生生的人物、活生生的心态、活生生的经历。团队领导者在实战中把握好"义"和"利"、长期利益和短期利益的关系，未来就能够带领更多人成就一番更大的事业。

⑧ 股权设置要因人而异

我们接下来探讨利益分配中的股权设置问题。比如，合伙人现在都有股权，没融资的情况下释放多少股权给合伙人合适呢？留多少给未来的投资人呢？

股权分配是团队稳定的基石，从一开始就要充分沟通形成共识，万万不可想当然，搞一言堂。很多创业公司涉及股权分配，总体来说要根据项目的特点进行分配。如果是轻资产项目的话，创始合伙人团队可以留 70%，30% 留给未来新进入的资本。因为轻资产创业、经营品牌 IP 的公司本身不需要太多资本就可以运营。

即便合伙人已经全部分配完毕，没有多余的股权了，也没有关系，也不影响未来新进合伙人，同比例缩股就可以了。比如，你们有 5 个合伙人，每人分持 20% 的股份，这时有人要投资 100 万元进入你们的公司，拿 20% 的股份。那么你们 5 个合伙人同比例缩股 4% 就可以。这样原有的 5 个人持有 80% 的股份，匀出了 20% 给新加入的合伙人。

同比例缩股在任何时候都可以操作，最关键的是合伙人之间是否心里都能达到平衡。比如，你是这个项目的创始发起人，IP 也是你提供的，另几个合伙人中有人提供了场地，有人提供了客源，有人帮着做营销。你担任公司法人，承担的任务和风险是最大的，和大家一样缩到 16%，那么，你是不是觉得公平？如果觉得不公平，一定要说出来。如果合伙人的股权完全平均，自己没有控股权，是否不利于决策和管理，这些问题都是需要考虑的。还要注意，新进股东要取得老股东们的一致支持，比例也应获得大家的一致赞成，并形成文字决议。

团队成员之间充分沟通达成共识很重要。所谓充分，是要把自己心里的话讲出来，而不是桌面上不好意思讲，背后心里觉得不舒服。这样的话，项目还没开始，隐患却已经埋下了。总体原则是既要照顾大家的利益，又要注意股权不宜太分散。尤其是大股东的股权代表了控制权和决策权，需要把握和平衡，但一定要具体问题具体分析，也要考虑股权结构中的合伙人跟你是怎样的社会关系。

⑨ 占股少也能有控制权

在新创企业的合伙人股权分散的情况下，创始人如何以较少的股份保留总体决策权？在很多创业实践中，随着不同阶段不同轮次的融资，实际控制人的股权是在不断被稀释的。创始人的控制权一部分来源于他自身的影响力和领导力，另一部分来源于程序化的协定安排，就是让其他股东让渡部分决策权。

创始人在发起项目的时候，往往具备一定的个人信用和行业口碑，可以通过"先项目制，后公司制"的方式对项目实施控制。在正式成立公司以后，就可以用少数人控制的方法，把股权的收益权和决策权分离。

怎么分离呢？按照公司法的规定，这叫同股同权。比如你投资 10 万，占有 10% 的股份，你就有 10% 的投票权。大部分情况下都是如此，同股同权。超过了 51% 的控股股东可以一票否决。51% 的股份代表了 51% 的决策权，这时的决策权和收益权是匹配的。

但是存在些特殊情况，如果创始人股权是 30%，其余 5 个股东共占股 70%，其中第 2 大股东占 20%，该如何保障创始人的决策权呢？如果创始人是公司实际的操盘手，另外掌握 70% 股权的股东不参与管理，只参与分红。那么问题来了，要经营就需要决策，如果按占股比例决定控制权的话，你对这个公司是没有控制权的。那么如何用 30% 的股份获得 70% 的投票权呢？

这时候你需要拟定一个少数人控制协议，要求以 30% 的股权获得 70% 的投票权，分红权仍然是 30%。其他股东以 70% 的股份获得 30% 的投票权，收益权不变，还是 70%。你干活你决策，其他股东不参与主要决策，也就是说，要把控制公司的权力和公司的收益分配分割开。

可以在公司内部形成关于"执行团队决策权和控制权"的共识和协议，让大股东让渡部分经营控制权。如果内部股东对这个协议达成共识，那么，每个股东签字，并把他们同意让渡投票权的决策写在股东大会的决议上。如果更严谨一点，把这一条写在公司的章程里，在股东大会上表决通过，这时你就获得了股东的授权，就能掌控这家公司。

有些人只出资不干活，但还要干涉公司的经营，我们对此如何应对呢？首先，进行沟通，股东应该带头遵守公司制度。其次，在公司治理结构上进行调整。股东们每个人的股份虽少，但是几个人达成一致就叫一致行动人，如果他们的意见达成一致的话，他们的表决权就可能超过你，你就无法获得对公司的控制。如果你占股30%，最稳妥的是争取到67%的股份支持，而不是51%。你或许会有疑问：51%不就能控股了吗？不对。有好多表决需要超过2/3股权表决赞同才能通过，也就是说，你只有获得67%的股份表决权，才能说了算。可以通过少数人控制协议，合法获得公司的控制权。

带领一批人共同做事，就要让大家共同分享成果，这是一个基本的道理。同时要兼顾一小部分团队核心群体的利益，因为他们要把握事业的大方向，并且要承担更大的风险。因此在权利的划分上，需要采用现代通行的公司治理原则，即以出资的多少来分配话语权，以股东会和董事会以及管理层的三级委托代理方式实施对公司的管理。

每个公司的治理规范化不同，导致在分配问题上的公开性和透明度差异很大。如果缺乏公开性和透明度，公平性就很难被保证，容易被少数人操控，进行暗箱操作。比如我们经常碰到上市公司的大股东一股独大，侵犯小股东利益的现象。这是一个需要逐步走向规范和文明的过程。

对于刚刚创立项目、设立公司的团队来说，从一开始就应该建立正确的分配观，从打基础阶段开始就要让公司的利益和权利的分配在阳光下进行。这样就可以有效避免未来公司做大或上市所带来的"暗礁"和历史遗留问题。

总体来说，经过我多年的实践和验证，有几个关于分配的原则比较有效，具体内容如下。

1. 先定好规矩（股东大会章程、董事会和管理层制度）；
2. 说话要算数（大会的决议、董事会决定、管理层文件）；
3. 不合理的比例下次调整（周报、半年报、临时会议决议）；
4. 为了把蛋糕做大，可以多让渡利益（增资扩股、收购合并、外部投资）；
5. 照顾全局，公平的内部股权激励（期权要与业绩挂钩）；
6. 要有长远眼光，不做一锤子买卖（预留股票池，多轮增资扩股）；
7. 不搞大锅饭、平均主义（管理层激励、技术骨干激励、营销骨干激励）；
8. 不搞亲疏关系，破坏团队凝聚力（贡献者占大头）；
9. 多元要素激励，不要只用物质激励（政治荣誉、行业荣誉、学术荣誉）；
10. 把荣誉和晋升机会给要培养的梯队人才（晋升、外派、内部合伙人）。

第 12 章

修炼九：

找亮点，开新路

　　在某种意义上，是很多伟大的发明家改变了这个世界。我们能说出很多发明家的名字。这些神一般的天才用看似偶然冒出的点子，给我们带来了让生活变得方便和快捷的一切。但事实并非如此，他们其实都是时代的产物。他们只是在发明创造的时代趋势中最耀眼的那个明星而已。托马斯·爱迪生发明灯泡的故事家喻户晓，但事实上有不少于 23 个人在爱迪生之前就发明了某种形式的白炽灯泡。英国人通常把约瑟夫·斯万看作白炽灯泡的发明者，俄罗斯人则把发明灯泡的荣誉归于亚历山大·洛德金。当电力成为常态，灯泡就不可避免地一定会被发明出来。

　　事实上，几乎所有的发明和发现都曾同时出自不同人之手。凯文·凯利在《科技想要什么》（*What Technology Wants*）一书中说，我们知道温度计有 6 位不同的发明者，皮下注射针头有 3 位，疫苗有 4 位，小数有 4 位，电报有 5 位，摄影术有 4 位，对数有 3 位，蒸汽船有 5 位，电气铁路有 6 位。这要么是大规模的冗余，要么是太多的巧合。这说明，只要到了该来的时候，这些东西就必然会被发现或发明。

爱因斯坦也不是独立的发现者。他于 1905 年整理为狭义相对论的设想，已经有其他人想到了，尤其是亨利·庞加莱和亨德里克·洛伦兹。当然，这无损爱因斯坦的天才。

任何新的道路都是在不断尝试中被开拓的，没有开拓之前，地上本是没有路的。一切新事物在刚开始时，都只是"试试"。人的一生除了勤奋努力之外，还有很重要的一个方面，就是选择。选择什么呢？选择方向、选择趋势、选择上升的势能。那些最会飞的鸟并不是翅膀最大的，也不是翅膀扇动最快的，而是最会选择气流的。那些会识别气流，尤其能识别上升气流的鸟，能飞得更远、飞得更高。这不是因为它们特别吃苦耐劳，而是因为它们会选择、会敏感地辨识哪里有上升气流。

带一批人做事，除了要把握好项目和团队本身，还要拥有观察形势、脚踏实地、循序渐进和仰望星空的本领。其中，观察形势就是要了解你做的项目与周围的环境是什么关系，处在一个什么样的经济和社会发展周期；仰望星空就是要把自己的项目放在一个正在上升的时代趋势之中。就像我常说的，在一个下行的电梯中，什么时候离开都是正确的；反过来，在上行的电梯中，什么时候加入都是正确的。

① **移动就业，跨界创新**

本章探讨团队向外拓展的方向和方法。我们前几章谈到的带团队的领导力、行动力、洞察力、激励、内部分工、识人用人，这些都是团队内部的管理问题。要防止团队内部不和谐，防止内卷或者内耗，最好的方法就是不停地开拓市场新增客户，开拓新路。只要业务不断增长，无论是一个项目、一个团队还是一个企业，哪怕其内部有问题，通常也不会集中爆发。一旦没有增量，大家的积极性和信心受挫，团队成员的精力和关注点就会从外部转向内部。没有增量就只能分配存量，团队就容易产生内耗，爆发内部斗争。

有些人说财富是省出来的，其实靠省是省不了多少的，只有不停地创造新的方法、新的来源、新的增长、新的渠道、新的客户，才有可能获得更多财富。而实现这一切最关键的因素就是要有新的认知和理念。人们常说，"人永远赚不到认知以外的钱"，这句话很有道理。

我们无法识别认知以外的财富机会，甚至不知道已拥有的东西在另外一种理念之下居然会成为财富。很多人平时学习和见识不够，常常感觉自己被困住了，其实是自己的理念把自己困住了。他们不具备超越当下的视野，没办法跳出自己的认知和圈子。其实每一个普通的事物都有不普通的亮点，只是很难被发现。

形势逼迫大家走出固有的认知，走出自己的小圈子。世界永远在不停变化，尤其是中国近几十年经济的高速发展带来了巨大的改变。随着经济的高速发展，每个人的追求和需求也在改变。以前我们要求温饱，期盼基本的生存需求能被满足，现在我们的诉求逐步上升到追求精神价值和情绪价值，同时"00后"的成长观念和消费习惯也正在创造很多新型消费。

近几年，大量传统的经济模式受到冲击，以美国为代表的各个国家都采用了宽松的货币政策。中国也采取了很多方法，比如出台了给中小企业退税、减税、降税等政策，商业贷款标准也比较宽松。这些政策的目的就是国家希望用更多的资金支持小微创业。小微创业虽然不一定能给国家带来很多税收，但能解决国家的一个很重要的难题，就是就业。

现在实体生意难做，加上一些行业整顿，很多人失去了固定工作。而大学毕业生不断增加，国家新增的吸纳大学生的工作机会，比如公务员、国家企事业单位员工，数量也是有限的，因此，国家开始用各种政策来鼓励大家灵活就业。

从全球视角来看，自由职业和灵活就业并不是权宜之计，而是未来的发展趋势。美国的自由职业者占所有就业人员的40%左右，中国的灵活就业人员也在快速增加，网约车司机、外卖员、快递员等灵活就业形式吸引了几十万名大学生、几万名研究生加入。未来，国家会越来越鼓励灵活就业，并且可能给予其更大的政策支持。灵活就业是未来参与社会工作的一种重要方式。

这一趋势的形成原因其实是很多社会发展的内在要求，不完全是由全球经济大环境造成的。越来越多的人并不需要依赖大的企业和机构生存，十几年前人们最羡慕的就是能进大央企、大外企，但现在年轻人的一大就业趋势就是组建小团队做一些小项目，通过互联网进行小微创业。部分有稳定职业的人也开始做副业，人们也不会认为做副业是不务正业，有些地方也鼓励体制内的公务员通过副业创收。

⑫ 升级认知，差异化生存

混序部落鼓励个体项目和小微创业已达 7 年，一直致力于帮助大家掌握从零到一创造一个小事业的方法。在如今的形势下，这项工作不仅是大家的迫切需求，还被赋予了一种更有价值的、更神圣的意义。

现在很多人没有选择，他们以前可能比较倾向于稳定的工作，但在近两年形势的冲击下，他们最后的安全感也被打碎了，他们不得不寻找新的出路。如何活下来？如何把一件事做成？我的建议是打破自己原有的思维模式，尝试创造出跨界产品和创新的服务。

产品和服务要体现出差异化，首先要做的就是找亮点，找亮点就是找不同。如何活下来，如何在竞争激烈的创新市场上找到属于自己的路，就是接下来我要讲的重点，概括起来就是 6 个字"找亮点，开新路"。其实不管结果如何，当开始行动时，你的身体就能够调动积极的、兴奋的神经。接下来要做的就是找到项目能够活下去的道理，要去找亮点，拓展新路。

如果我们只看数据平均值，其实大部分人的认知和知识结构都在一个层次上面，你能想到的别人也能想到。找亮点、开新路的前提有三点：第一，我们想到的还没有被别人想到；第二，很多人都想到了，但你第一个付诸行动；第三，大家都开始行动了，但他们走的是老路，用的是老模式，而你用的是新方法，走的是一条创新之路。

⑬ 创造新意义，赋予新价值

我们要注意一点，我们所说的差异化并不是产品本身不一样，而是你赋予了它不一样的含义。"看山是山，看山不是山"，同一座山在不同的语境中被人们赋予不同的含义。所以同样的产品，随着我们赋予它的不同价值和意义、不同特殊理解而呈现不同形态。这种新的诠释要与受众形成共振，产生共鸣，并能够快速传播，形成共念。

不知道大家有没有去过三峡，那里有一座神女峰。人们觉得山峰的形态像神女，于是叫它神女峰，赋予了这堆石头意义，引来无数人游览。

一件普通的产品，只要我们有能力赋予它意义，而且被赋予的意义能被一部分人认可，这就是精神和情感价值的再创造。这个意义和价值并不是在制造产品的过程中产生的，而是之后被赋予的。

我们做一个项目，最初最迫切的需求就是活下来，然后要有可持续性，它自身的发展要有一种内在裂变的动力机制。要做到这些，就一定要找亮点，找不同。商学院的 MBA 课程中包含差异化的单品成功策略。差异化和我们这里讲的找亮点异曲同工，只不过它比较强调要有一个固定的定位。小微创业如果过早定位会害死自己，尝试阶段不能过早定位，但一定要找到亮点。

④ 未来的竞争是创意的竞争

小微项目也是能创造现金流，增加收入的。最关键的是要找到项目立基的亮点和创新的方式。做山寨产品很容易，但可持续的成功很难。开新路做起来不容易，但一旦开出路来，就容易持续经营。

　　你不去尝试，真的不知道自己是有潜力的。有人认为自己没什么本事，有人被自己的认知困在原地，特别小心谨慎。其实不用过多担心，正如我们第 2 章中讲到的行动才是一切的答案，我们应该克服患得患失的心态，明白在一张白纸上才能画出最美丽的图画，努力尝试才能找到答案。你脑子里的固有思维、你认为的可靠的逻辑、陈旧的观念就是捆住你手脚的东西。

　　开启新项目的方向要朝向未来，要聚焦那些还未被满足的需求。大家越来越能领会老子说的"有"和"无"的道理，创业者更应该学会把自己放空。有时候我们真的需要把脑袋里的旧观念倒出来，装进新的思维、新的方法、新的理念。

　　这里有一点要特别说明：你找出的亮点和不同一开始只是一种主观认定，你可以据此推进项目，但接下来要在现实中予以验证，不能盲目地认为你找到的亮点一定能被大家接受。认识到这一点很重要。

　　只要有一部分人认可你就足够了，因为什么东西都不可能被所有人认可。比如混序部落并没有完全被主流认可，却被千千万万的混序小伙伴认可，它就可以存在和发展了。你选择的亮点、创造出来的不同被一部分人认可了，你就可以立住脚了。产品和服务的竞争背后的核心就是找差异和亮点，本质上是创意的竞争。对于小微创业来说，道理也是一样的。

抓住核心的不同和亮点，采用多元化的形式来发展。

如何找出亮点和不同呢？要把握一个方法。无论是做产品、做服务，还是做课程，首先要从实用性、功能性、价格战中脱离出来。一旦从实用、功能强、低价格的方向去思考，就陷入了红海。做企业的人应该大都知道《蓝海战略》（*Blue Ocean: How to Create Uncontested Market Space and Make the Competition Irrelevant*）这本书。蓝海是与红海相对的概念，红海里有着大量雷同的项目和产品，它们大体都差不多，只能拼价格。如果想胜出，就需要走出红海走进蓝海，这就是蓝海战略。不要打价格战，尤其是小微企业，一定要走出一条与众不同的路来。

⑤ IP 的新切入点是精神与情绪

红海这条路之所以不好走，堵得不可开交，就是因为大家都认为没有别的路可走才挤进来的。其实我们是可以开出一条新路的，这需要思维的突破。一定要突破我们原有的思维，多维度、立体地思考问题。

刚才讲到，找亮点不要局限于具体的功能和实用性，这一点已经被大量的同类商品满足了。因此我们的切入点要避实就虚，最重要的是要找到大家独特的精神与情绪需求，要在心理价值这个层面上找出亮点和不同。

在打造 IP 的道路上，相信小伙伴们踩过不少坑。根据我培训过的团队的失败案例，我总结出了 5 个要避免的错误做法。

一是产品主义，口号是"好产品等于好品牌"，通常是技术控做创始人的项目；

二是渠道主义，口号是"渠道为王，能卖就好"，通常是过去从事销售工作的人做创始人的项目；

三是烧钱主义，口号是"品牌都是拿钱砸出来的"，通常是资本控操盘的项目；

四是机会主义，口号是"蹭热点，追流行，抢风口"，我把他们称为"风口控"；

五是小农主义，特点是小富即安、低质重复、品牌意识低，一心只想过好小日子。

要在未来的 IP 打造中胜出，必须观念出圈、人脉出圈、格调出圈，打破原有的认知心智模式，让"不同"代替"更好"。用感性驱动理性，用感觉驱动价值，聚焦人心寻找消费者心目中的缺失点，打造超级记忆，形成持续的共鸣和共念。

具体该怎么做呢？根据我的经验，用加减法的方式激发创意，给大家一些启发。

1. 增加安全感，减少痛苦感；
2. 增加存在感，减少失败感；
3. 增加参与感，减少孤独感；
4. 增加重要感，减少无聊感；
5. 增加成就感，减少压力感；
6. 增加好奇感，减少欺骗感；
7. 增加心动感，减少漠视感；
8. 增加紧张感，减少疲惫感；
9. 增加崇高感，减少自卑感；
10. 增加正义感，减少耻辱感。

人们正从过去的理性消费时代跨入感性消费时代，要着眼于人们重要的心理需求。安全感的意思是，你的产品和服务能不能给大家增加安全感。虽然我们每个人都很普通，但人人都希望成为 VIP，谁都不希望被漠视。我们讲一个很重要的心理实验：当你拿到合影的时候第一个去看的人是谁？肯定是你自己。且不提你在别人心目中是否重要，你在你自己心目中肯定是重要的。如果你的产品和服务能够照顾到顾客的心理需求，让顾客觉得自己很重要，你的服务肯定会受欢迎，这就是增加重要感。

增加成就感，减少压力感，我们要特别说明一下这点。成就感跟成就还不是一回事，大部分人很多时候没法快速取得成就，需要奋斗拼搏很多年。但每个阶段都需要成就感，要让消费者在获得产品或服务的时候有成就感。成就感来自什么？来自消费者对产品和服务的贡献。让用户参与产品的设计和营销的过程，并分享其中的收益，他们之间就产生了共创关系，就形成了更紧密的联系。

增加好奇感，就是抓住消费者的好奇心，盲盒就是因此受到大家的喜欢；增加紧张感，就是需要消费者自己去探索，比如沉浸式体验——剧本杀。那么，怎样增加崇高感？混序部落里有一位酋长，在现实中是一位乡村书记。他为了振兴乡村，帮助村民脱贫致富，找到村里一个古老的手工艺叫猪猫鞋，他把猪猫鞋申请为当地的非物质文化遗产，突出了中华民族的传统文化传承。这是不是就增加了崇高感？当地的大娘们自发组织起来做猪猫鞋，做得非常好，人民网对此也有报道。他们村有这么一个小项目，就很有可能获得市一级的领导支持，甚至获得上百万的拨款，这个村的面貌彻底被改变。

再说增加正义感。大家记不记得鸿星尔克 2021 年的爆火？它做对了什么？它在河南大洪水期间仗义疏财，捐出了几千万元。因为它的义举，大家都去直播间和线下店消费表示支持。它通过这样一个正义的行动，获得了大众的认可，实现了大家对民族品牌的爱国主义情感召唤。与其说鸿星尔克做对了，还不如说是我们所有人因为鸿星尔克的义举，给了它满满的回报。

大家可以拿这 10 项大众的情绪需求和心理价值要素来对照自己的产品。只要抓住一项，你的项目就能活，抓住两项以上就能活得更好一点。我们要从市场上发生的鲜活案例中研究其背后成功的道理。所有的成功背后都有逻辑。一个做加法一个做减法，在另一个维度里找出产品和服务的亮点和不同。

现代人还未被满足的最重要的那部分需求，就是情绪和心理需求。这带来了很大的市场和商机，也是我们未来要重点琢磨和研究的地方。前文提到了鸿星尔克在河南发洪水期间异军突起的例子，在这之前它只是一个很普通的国货品牌。在几百个国货品牌缠斗竞争的情况下，鸿星尔克通过义举，为大家增加了一种特别的情绪和精神价值，一下子就冲出了红海。

⑥ 从小众认同到大众传播

在找到自身的亮点和差异化之后创造出的 IP 需要广泛人群的认同才能够生存，这个时候就需要开新路。开新路就是让你从获得小众认同走向被大众认同，从个别认同到普遍认同的一个过程。

如何开新路，给大家提供三个关键要素：连接、组合、共享。

第一个要素是连接，连接的目标就是获得人群的广泛参与和支持。我们针对的不是大型企业，也不是大品牌，而是小微创业、自媒体创业、小众品牌创业，格外需要获得人群的广泛参与和支持。

很多人在连接方面做得不够好，这是开新路不顺的重要原因。即便你找到了好的定位、独特的亮点和差异化，如果没有建立广泛的连接导致很多人根本不了解你，你也不能获得大家的认同。所以不能闭门造车，你的产品和服务的亮点和差异化一定要通过人群的广泛参与，得到他们的支持和认可。如此，产品和服务的亮点才能成立。

在这一点上，很多人没有打开思路。有些人一上来就想要找到精准客户，直接找到买东西的人，这个想法在实战中有点脱离实际。你知道要找到一个精准客户，前期要投入多少宣传费用，投入多少时间和精力吗？精准是如何实现的？是靠对普遍人群筛选实现的。没有第一个阶段的大众的广泛认知，你就不会找到愿意埋单的精准用户。你的创造物有没有市场不是争论出来的，而是实践出来的。先要在普遍的、广泛的连接中逐渐筛出一批感兴趣的用户，这是第一步。

第二步是找到对产品和服务不仅感兴趣，还有一定购买欲望的潜在用户。

第三步是找到不仅有购买欲望，还有一定购买能力的潜在用户。

第四步是你的产品和服务能否给消费者带来超出预期的体验。

筛选出感兴趣、有购买力的潜在用户，并能够提供超出预期的用户体验，目标才算完成。很多人往往只做到第一步，开新路自然不成功。很多项目和产品之所以失败，就是因为没有完成闭环。

为什么我在最后一个环节强调要给予客户超出预期的体验？小微产品和项目初期没有太多预算用于市场推广，非常需要一批客户来帮助推荐。如果只是刚好满足客户的预期，那他们就没有足够的动力给你介绍新客户。

在这四步的每一个环节中，每一步都很关键。混序部落里有很多产品和项目，有些做得很成功，往往这四步闭环就做得很好。比如，美国硅谷的艾欣博士开发的混序人生设计课，客户从开始感兴趣到购买，再到最后非常棒的用户体验，形成了一个完整的闭环。直到现在这一项目还在进行中，并且在不断升级。

⑦ 开放式参与和混序式重组

连接才是创新的"核动力"。未来的人类将不再靠自身以外的东西或形式来证明自己。届时，物质和财富会极大丰富，它们将不再是人类奋斗的主要目标。人们的思想、文化、道德水平和身体素质等所有指标都可以被数字量化，而这些数据也将成为未来新人类的"基因证书"。交流会以"脑波传送"的方式来呈现，人们通过解读"个体"数据，完全可以在几秒钟之内了解一个人。

在宇宙诞生之初，星系的分布是零散的，且星系间几乎没有任何联系纽带。随着宇宙的演化，星系与星系之间渐渐出现了星云、尘埃等可以将两者联系起来的事物，大脑内部亦是如此。起初，脑部神经细胞各不相连，在脑部成长发育的过程中，各个神经细胞逐渐连成整体，形成神经脉络与神经关系网。

自宇宙勃发以来，始终是分化演进的。"分化"造就了"条件"，"条件"造就了"依存"，此一分化成为彼一分化的条件，任一分化者在失去其他分化者时都难以独存。

人作为社会中的个体，越来越分化。从理论上来说，如果分化到极限，100 亿人会有 100 亿种工作，因此每个人都需要依存另外一些人才能生存。社会的分化每时每刻都在进行，人越来越需要对方才能生存。社会越发展越分化，文明越进步，越需要连接，每个人都不得不进行连接。

开新路的最重要的要素就是开放的、广泛的连接，要善于运用互联网和社群。现在的网络自媒体平台非常方便，要充分利用平台、社群来做连接，寻求广泛的参与和支持。参与是指什么？是指用户能够成为你的项目的一部分。能够成为你的产品的设计者、内容的创作者、购买者、推广者，甚至是你的内部合伙人，这需要你有开放的观念。

在互联网社交媒体时代，不是你找到精准客户，而是客户找到你，逻辑与之前是颠倒的。他们可能和你没有很紧密的联系，但可以在外围帮你做推广，只要你能抓住这一点，成为有亮点有吸引力的"发光体"，吸引粉丝获取"私域流量"，迅速拓客。从做熟人生意的传统模式，到通过广泛开放的线上连接，快速进入陌生人网络社会的消费市场。

第二个要素是组合。开新路就是要走一条创新之路。大家觉得原创很难，其实不仅中国缺少真正原创的东西，西方也不多。比如，iPhone 是原创吗？毫无疑问，它是原创。但你打开它的内部，每一个元件都是现有的成熟的技术。所以iPhone 就是已存在的各种技术重新组合的结果。

现在大部分商业上的创新都是组合创新、跨界创新。组合创新的核心是什么？就是要有跨界思维。"混是连接，序是组合"，连接就需要混沌的思维，别掺杂太多以自我为中心的主观判断。先要通过连接认识各种不同的人，接触不同的思想、不同的做法。在这个过程中要带着团队不停地学习，不学习的团队的眼界是狭窄的、认知是有局限性的，永远只知道自己从事的领域，根本没法跨界，更没法组合。

很多混序部落的小项目都是组合创新的结果。比如"混序老铁面"项目，老铁面的原料不是面粉，而是磨豆腐剩下的豆渣。豆渣含有很多人体所需要的植物蛋白，既能提供人体所需的营养，又不会增加脂肪，还能保持好的口感。这个产品的创新组合非常受欢迎。

⑧ 人人都是合伙人

第三个要素是共享。共享是一个项目能够走向成功，进行合理的利益分配，形成科学的激励机制背后的"道"。能够把共享做好，开创的新路就能够走下去。开新路的三要素中，连接是解决人的问题，组合是解决事的问题，共享解决的是"道"的问题。什么是"道"？就是推动项目成长发展的背后的规律和机制。

在分配利益的时候，你既不能一个人独吞，也不能只分给几个心腹。"我是老板，你们是来打工的"这一传统的老板思维已经过时了。共创共享时代以及"人人都是合伙人"的时代正快步走来。在大批传统行业、传统岗位、传统商业走向衰落的时候，新的商业、新的盈利模式正在产生。时代的车轮不会停留在某一个点上，永远在不停地向前。

"长江后浪推前浪，浮事新人换旧人。"大部分人既不是前浪，也不是后浪，而是中浪。前浪已经认命、不想卷了，后浪在拼命地搞跨界式的冲击，中浪怎么办呢？夹在中间就很尴尬。但中浪有一个好处是后浪和前浪都不具备的。中浪是承上启下的，中浪最大的优势是能够找到潮流的方向，顺流而下，千万不要逆潮流而上。在经过了过去 20 年的黄金爆发期后，"共同富裕"成为未来的主流价值观，认识到这一点，创业成功的概率就会大一点。

能够创业成功的后浪也很不容易，肯定被碰得头破血流过。如果钱挣得容易的话，年轻人不就不会躺平了吗？的确有一批后浪逆势而上并且成功了，但大部分被浪潮冲得粉碎。逆势而上就必须承担更大的风险和更多的试错成本。与前浪相比，后浪更经不起摔打，更经不起彻底的失败，砸锅卖铁搞颠覆式创新的可能性也更小。

中浪有前浪的经验和后浪不具备的谨慎，可以识别潮流的方向，不会碰到头破血流。他们往往上有老下有小，还有很多其他依赖他们的人，所以中浪采取渐进式、共享式、风险分散的创业机制是很重要的。

中浪可以搞渐进式创新，他们有一定的经验，还有一定的创新能力。他们的激情还没有完全消退，还保持了一定的好奇心、紧张感和兴奋感，还要追求存在感和成就感。这个时候采取的渐进式创新，最关键的是要学习前浪和后浪的优势，不要把前浪固有的思维模式装到脑子里，这些是包袱，不是资产。

中浪一定要否定和抛弃前浪统一思想、统一目标、统一方法，统一行动这四个统一的做事方法。如果在团队里搞这"四个统一"，那么就会有一大批人离开你，因为这样的做事方法不符合"道"的要求。不符合共享经济时代的"道"，哪怕人做得再好，事做得再好也没有用。挣钱的背后是做事，做事的背后是做人，能把一件事做好，还要看人怎么样，看理念、胸怀、思路怎么样。

　　成为一个大家愿意追随的、可信任的人就是做人之道，善良正直的人格就是要努力修炼的。只索取不付出就不符合人性之道。做人一定要正直，永远不要想着走剥削和榨取别人利益的所谓"快钱""热钱"的歪门邪道。

　　我们总结一下，在新旧交替、实体和线上两个世界融合互通的新商业世界中，要找亮点开新路，走组合创新之道，广泛连接、突出个性、发声发光、跨界学习、共创共享，打破传统产供销的价值链，消解团队、公司与市场的传统边界，打造一条新的价值链。

　　路是走出来的，不是想出来的。只要勇于尝试，敢于立即行动，你体内的内啡肽和多巴胺都会支持你，把你激活，让你兴奋。带一批人组建团队做项目，无论成败，都是充满干劲地走在创造新价值的路上，这些经历将是人生中最宝贵的财富。

第 13 章

修炼十：
项目化，团队制

《史蒂夫·乔布斯传》（*Steve Jobs*）的作者沃尔特·艾萨克森曾说："很多人都错误地以为史蒂夫·乔布斯是一个孤独的、有远见卓识的专制领导者。我曾经问过他在创造的那么多东西里哪件最令他骄傲，当时我觉得他会说麦金塔电脑或iPhone。没想到，他却说这些产品都是协同工作的产物。他说，他所创造的最令他自豪的东西是他所打造的团队——从 20 世纪 80 年代在一面海盗旗下召集起来的最初的麦金塔电脑团队，到 2011 年 4 月他退休前组建的团队，莫不如此。"

在当今快速变化的世界中，无论是传统商业还是新技术创业，快速反应和灵活适应至关重要。新的沟通方式、新的协作方式正在改变传统的组织结构，小团队正在担当组织去中心化的关键角色。

《赋能：打造应对不确定性的敏捷团队》（*Team of Teams: New Rules of Engagement for A Complex World*）一书的作者斯

坦利·麦克里斯特尔领导的美军特种作战部队摒弃存在了一个多世纪的常规思维，在一场残酷的战争中对特遣部队进行重塑，将其打造成新物种：一张在沟通上透明、在信息上共享、在决策上去中心化的小团队网络，把行动的权力赋予更了解情况的一线人员。他认为组织必须网络化，而不是条块化，这样才能成功。组织的目标不应当再是追求效率，而是让自己获得持续适应的能力。就像麦克里斯特尔所说："如果改变才能取得成功，那么改变就是你的任务。"

战争总是以快于时代的方式发展以保持它的强制性力量，和平时期的发展也毫不逊色。无论是线下实体转型还是通过社交媒体、互联网社群开拓新项目，越来越多的人离开公司，尝试用小团队的方式联合一批志同道合的人，从事一些商业活动。其中一部分是传统意义上的创业，但更多的是把自己的兴趣和爱好发展为可以赚钱的项目。也有一部分是追逐风口和潮流，想通过尝试一些项目进入未来可能有爆发趋势的行业。他们中的大多数都没有完整独立的带团队的经验，也缺乏从启动到完成一个项目的知识和经验。

本章将针对完成一个完整的项目所需要具备的各个方面，给大家提炼一些关键和必要的模型、方法、路径。我把广义上的创业归纳为，在一个较短的时间内，集合人员、资金、资源等要素完成一项任务的活动，也可以称为项目化。只有把它们全部纳入项目管理，这些广义的创业活动才能够被量化分解、科学规划、风险可控。

① 创业就是干项目

　　创业项目如何实现从零到一的目标，这是很多创业者最关心的问题。我也给很多创业型公司做过辅导，分享了大量项目化管理的方法。其实项目化管理就是互联网思维在组织形式上的具体表现，也是未来组织发展的一个方向。不论组织大小，都可以做一些尝试，吸收项目化管理的机制优势，助力组织成长。那么创业型公司如何运用项目化管理的思想，逐步走向混序组织，赢得未来呢？

　　创业型公司与成熟公司有不一样的特质。严格来说，创业型公司本质上还不是一个公司，只是一群想共同做事的人组成的一个团队，处在临时性和长期性之间的一个中间状态。它既不像典型的项目有明确的结束日期，也不像一个成熟的公司有永续经营的预期。

　　为什么这么说呢？因为创业型公司随时可能会死，有些可能存活三个月，有些可能存活一年。一个公司如果存活了三年以上，就不应该被叫作创业型公司。项目一般半年或一年就结束了，而且项目化管理的好处之一是做完一个项目，还可以去做另一个项目。但如果创业型公司的创业项目失败，团队就解散了，以后还能不能聚到一起也未可知。

　　所以，创业型公司本身就是处于项目团队和层级公司之间的混序状态。基于对创业公司内部结构的认识，我给创业

者的建议是把创业公司做成一个项目化的混序组织，也就是
介于项目团队和正式组织之间的一个过渡形态。

⑫ 日常工作就是项目管理

　　创业团队内部先组织一个团队小组作为公司的核心，在
发展过程中逐步吸收合伙人和其他人才加入。尽量通过协议
的方式把工作分包给社会人才，让专业人才协助和做好配套
服务。内部项目和外部项目同时进行，这样团队就不需要招
聘太多的固定员工，这叫"不求所在，但求所用，不求所有，
但求所为"。

　　跟层级制的成熟公司相比，创业型公司不要设置太多的正
式部门，部门数量不要过多。那么，多少算过多呢？这有一定
的弹性，要根据创业者所处的行业来决定。如果是做亚洲投资
银行，那么 20 个部门也不够，但如果是做一个医疗 App 项目，
最多需要两三个部门。所以这里给大家留出了一个弹性空间，
并非超过 5 个部门就一定是过多，少于 3 个部门就过少。

　　项目化的组织结构与传统的金字塔层级结构的重大区别，
就是项目化组织结构往往采用团队制。对于创业型公司来说，
不需要设计复杂的层级结构，也不建议设立太多的行政职位。
工作内容应该按照项目目标和项目计划所分解的项目任务来

安排，将不同的人按照专业和能力对应到相应的任务上，强调对结果负责，而不是对职务负责。减少层级汇报关系，不建议使用内部代理制，应由项目经理直接与团队成员沟通，协调进展、调配资源，减少不必要的行政流程。

⓪③ 创始人要当多面手

创业型公司尤其不要强调固定岗位，岗位设置不能理论化，不能盲目模仿大型企业。不强调岗位，而应该强调角色，也就是说一个人要担任多项角色。

对创业型公司而言，一个人要身兼数职，尤其是创始人和主要合伙人，既要"当爹"又要"当妈"。创业者不仅要负责财务、招聘、筹钱、产品设计的工作，还要负责产品的生产、研发、市场推广，最关键的是要当首席产品推销员，也就是说要担负起企业经营中的所有职能。不论创业者们是否具备这些能力，都要积极地去做。

如果没有这些能力，就要在战斗中培养，在实践的过程中慢慢形成。比如米未传媒的创始人马东，他原来只是一个主持人，既不懂项目管理，也不懂销售、财务、人事，但他带着初创团队在短短 3 年时间连续制作出《奇葩说》《奇葩大会》《饭局的诱惑》《乐队的夏天》等大热节目，A 轮获得估值 20 亿元的融资。马东和他的团队就是在实践的过程中不断地学习、总结和完善，丰富自己的项目管理知识，不断提升自己的企业家能力。

在创业型公司里每个员工都是多重角色，这样大家才能为了达到共同目标而快速有效地协作。大公司有大公司的难处，主要就难在协调上。大公司部门分工太细，岗位职责写得很清楚，配合起来太难，做多做少都是错。配合好了成绩算谁的？配合不好出了问题又算谁的？到底怎么做才能既按流程办事又能兼顾岗位界限？这些都是大公司的常见问题。

高度的灵活性和机动性在层级组织中难以实现。所以，小公司的工作方式是不设置很多部门，也不设置很多界限，员工可以随时走进创始人办公室交流，甚至还可以吵架。遇事大家一起商量，没有死板的权限设置，没有僵化的职责要求和流程，没有很多需要签署的文件，这样才能让创业型公司保持高度的灵活性、极快的反应速度和对用户体验的高敏感度。

④ 内部层级在三层以内

创业型公司做决策要非常迅速。想要实现快速决策，内部的层级就不能太多，两三层足矣。小米手机就是从两层结构发展起来的。公司发展壮大以后，可以再增设层级，毕竟公司大了，层级太扁平也不便于管理。

创业型公司的层级一般设两层，全面项目化以后，可以像得到那样设项目小组。小组长就是领导，小组长上面再设一个领导就够了。领导掌控大方向，小组长即项目经理负责决策小方向，比如做什么、怎么做、怎么生长，这样两个层级就足够。只有这样才能让小公司在快速变化的动态环境中保持进化迭代，快速地拥抱外部市场的变化，抓住外部机遇。

很多创业型公司在成立之初就进行了复杂的组织结构设计，有些公司居然设置了五层结构。很显然，这么多的管理层级很难让初创公司具备灵活性和高效率。我在与这些公司的创始人交流的过程中，发现他们有一个普遍的观念，就是崇拜大公司，他们在潜意识中把那些已经发展为巨头的互联网公司当作榜样和学习的对象。这种想法是有害无利的。我建议，创业型公司即便获得了融资，也应该保持扁平的组织结构，用项目化＋团队制的方式来避免传统层级制中的机构臃肿和官僚文化。

⑮ 每位员工都要接触客户

为什么我强调要让创业型公司以项目化小组的方式开展工作呢？因为通过这种项目小组，公司能很便利地让客户参与进来。当下的创业，无论做什么项目、什么产品，都要找到客户的痛点或者兴奋点，让客户眼前一亮，不仅要让他们满意，还要做到超出其预期，甚至要让他们感动。

所以产品或服务最好体现情怀，具备人文色彩，让用户一旦拿起你的产品就不会再去用其他同类产品。想要达到这种状态，可以采用社群的方式让用户进入你的组织，不论是真实还是虚拟的，总之要参与进来。

小米就是这样，通过项目小组把用户从发烧友变成"米粉"，从"米粉"变成"死忠"的追随者，"米粉"为小米的设计提供了大量有用的建议甚至批评。让未来的用户通过项目小组帮助公司做产品设计，在接受公司提供的服务的同时，反馈大量建设性的意见，这只有通过项目＋社群的方式才能够实现。

如果是在中规中矩的传统组织里，能够深度接触客户的只有销售和市场推广部门，而生产和研发部门很难接触到客户。研发人员在完成最初的市场调研之后，就回到实验室里埋头苦干，等一两年后产品研发完成，他们却发现客户早就不需要这样的产品了，或者当初的潮流早已经过去了。这就是传统经营模式中普遍存在的问题，并不是每个人都能接触到客户的需求，感受到客户的变化，公司内大部分人离客户太远了。

⑥ 用户参与产品设计和研发

传统公司有个最大的问题，就是产品的构思、设计和研发更容易以自我为中心，大多基于研发和技术人员自己的理念和设想。他们总想做得很完美，但他们认为的完美的产品跟市场的需求并不总是匹配。用户需要的不是完美的产品，而是让他们心动的产品。

在这种传统研发思路的影响下，企业经营思路的问题也很明显：一旦做出一个产品，销售额不错，就一成不变销售很多年，从来没有想过把产品当成一个胚胎，在用户的使用体验中不断地升级、发展壮大、持续迭代。这种把产品看成生命体，能进行"增、减、改、变"的持续迭代，传统的组织很难做到。因为过去在工业时代思维指导下开发出的产品，本身不具有很强的可变性，死板、僵硬、没有弹性，更不是一个可以自我成长的生命体。

所以一旦市场发生变动，产品一旦滞销，企业就会面临很大的负担。造成很多传统企业产品失败的一个原因是：产品的研发者、制造者和销售者不能和客户一起进化。内部项目化＋社群这一组合方式就可以解决这个问题。

这方面做得比较成功的例子除了小米手机，还有优衣库。优衣库大概有 200 多个小组，每个小组自行决定各自产品的设计、生产和经营。每个小组的自我决策来自外部的大群，所谓的熟客或粉丝。

他们在后面支撑着每个小组的产品选择，他们兼任小组的市场调研员、需求测试员，他们把传统的经营变得社会化、公众化。这些第一手市场资料，最直接的用户体验反馈，在传统公司的经营方式下是很难得到的，即便得到了也很难立即转化为整个企业的创新活动。道理很简单，小船掉头快，大船难掉头。

那么小船要小到什么程度才合适呢？最基本的工作细胞就是项目小组。在创业型公司架构混序的项目化组织，就是让组织内每一个活跃的细胞充分地发挥各自的生命力，通过滚动式或裂变式的发展迅速壮大。

⑰ 设置部门＋项目的混序结构

创业型公司首先要形成多项目团队工作的基本结构，内部按一个个项目进行经营管理。但创业型公司也不能全都是项目制，因为还要考虑另外一面，就是基本的组织架构设置。我们强调要少设置部门，不是说不设置部门，不能把整个公司变成一个大项目组。

大家比较熟悉的近些年发展起来的"互联网＋"公司，比如得到、樊登读书、吴晓波频道、笑果文化等，它们的组织结构基本上都是部门＋项目。它们把一些公共职能部门统一变成赋能平台，把财务、人力、行政、公共关系等部门统一整合，把它们从原来的的层级顶部变为底部，使它们从管理控制转变为服务支持，让项目小组成为核心的业务部门。

创业型公司要激发大家的创意，让所有员工接触到客户并且能快速协作，就需要减少流程，减少层级。通过底层的综合赋能平台，快速给予项目工作所需的各项职能的配合与支持，把更多的权力和资源分配到项目经理手里。

在这个过程中，虽然传统的控制部门变成了服务部门，原来显性的权力控制变为隐性的内控，但还需要控制内部底线和确定边界。只要这是一家公司，哪怕只有两三个人，内部也要约法三章，要不然大家就会各行其是。尤其是创业型公司人才济济，大家在各自的领域里都是高手，凑在一起，合作精神和情商就显得更重要。合伙人对公司的发展有各自的理解，对产品有各自的偏好，对客户的需求有各自的判断。公司到底往哪个方向走，容易众说纷纭。而公司要正常运转，必须迅速地确定正确的方向，因此还要建立快速的决策机制和有底线的内控机制。

如何筹集、分配、协调资源，最后权衡资源的使用效率，这是哪怕再小的公司都无法回避的问题。因此在一个组织中，与人相关的部门和与钱相关的部门的设置还是应该采用固定的职能式类型。比如人力资源部门，无论创业公司多小，都要有相对固定的人员专门从事人力资源工作。财务人员也要相对固定，财务的流程和规章也必须是严谨、清晰的，而且要严格执行。一个人既任财务会计又兼出纳，既碰钱又记账，这不符合财务公开透明和利益规避的原则，时间长了就有可能产生信任危机。

对这类工作不能过于含糊。就算员工道德再高尚，也有可能存在工作失误。创业型公司要设置严谨而清晰的财务流程和规章制度，不要考验人性，而是应该通过制度避免不良事件的发生。所以，要设置专人做财务工作，设置专人做人力资源工作，这两个岗位是最基本的。此外可以根据企业的类型最多再加一两个岗位。比如在供应链方面安排一个人负责，在客户维护方面安排一个人负责，研发方面也可以设置一个人专门负责。有些创业型公司涉足的领域比较专业，比如医药研发，那么部门可以设置得相对多一些。如果是互联网创业型公司，基本设置两三个部门就够了。

大家很熟悉的阿里巴巴的大股东日本软银公司，很早就在内部实施项目化，以实现多项目的分散投资。它的策略是前期大量试行一些项目，让这些项目充分竞争，"在搭乘上行扶梯的成长领域里全部下注"，这是第一步。接下来对执行结果的数据进行评估，形成结论，再进行选择性重点投资。孙正义的态度是："我不知道谁会成功，所以给所有人投资，然后让他们自己去发展，谁胜谁负都没有关系。"

孙正义的理念是：以失败为前提，执行所有可能成功的方法。因为在这个充满不确定性的时代，必须从一开始就要做好项目无法顺利进行的准备，只有在运行过程中随机应变，才能真正找到可行之道。相应地，公司内部部门的设置全部扁平化、分布式，没有传统企业的多层级和冗长的命令链。内部的部门设置都是为这些试验性的小型项目服务和赋能的。很多日本企业对这个理念感到恐惧。大部分日本企业都害怕失败，制订计划时首先考虑规避失败，为了避免糟糕的结果，这些企业最终只能制订出平庸的、缺乏创新性的计划。软银进行大量的小成本、小规模的项目尝试，然后根据结果把资金投入成功率最高的项目中，正是这个做法确保了软银用最小的风险，获得了最大的回报。

⑧ 内部流程和项目平台

内部流程和项目平台的关系应该怎么处理呢？是不是设置两三个部门，这些部门的负责人就是领导，其他人就是干活的？不是这样的。虽然部门负责人在做专职工作，但是他们也承担双重角色，他们本身也要参与各种项目，也是项目组成员。这与我们一开始说的多重角色并不矛盾。

企业设置内部控制是为了避免不规范，而不规范是产生各种问题的温床。大公司设置流程控制，也不是为了控制而控制，而是因为过往出过很多问题。大公司的解决之道就是出一个问题，设置一个关卡，从而避免问题再度发生。大企业病、繁琐的流程，这些都是企业在发展中不得已的结果。链条太长、部门太多、行业太广、地域太大、专业分工太细……大公司的官僚结构也是一层一层、一年一年垒上去的。

创业型公司还没有壮大，就把自己垒成金字塔型结构，这毫无必要。因此创业型公司在胚胎里就要形成混序结构，这边有正在运行的项目，那边有两三个内控和资源支持的部门，这样既能有效开展工作，也能减少内部混乱，企业也有清晰的边界。

创业型公司应该从一开始就把混序思想融入组织架构中，当组织发展壮大后，只需要在原有基础上做一些符合不同阶段发展要求的调整就可以了。公司壮大后，可以增加一些部门，但要保留项目组织。

项目扩展得再多，也是在企业机制内运行，这就避免了先建好一个金字塔，再进行组织转型，那样代价太大。在创业伊始吸纳混序思想，公司壮大以后，不需要经历转型过程就可以进行自我进化、自我改革，不论扩张得多快，都不用担心组织结构会制约公司的发展。

字节跳动的组织方式已经不像早期的互联网公司那样分成职能部门＋事业部，而是只设了 3 个核心的赋能平台：技术平台提供支持功能、用户增长平台提供留存功能，商业化平台提供拉新和变现的功能。一旦发现新的风口和赛道，字节跳动马上就会在内部启动若干个项目，如同流水线一样快速生产各种 App 产品，有时就像撒胡椒面一样，进行内部的风险投资。他们通过混沌的方式让每个 App 都有机会诞生，但明白每个 App 项目不一定都能长成大树。

通过这种相对的分布式去中心化的产品矩阵，进行广泛全面的试验，大部分 App 都成了炮灰，活下来的就是幸运儿。抖音在字节跳动的产品矩阵中就是一个成功的幸运儿，起初它只是被作为音乐短视频的试点，并没有引起太多重视，一直排在火山小视频和西瓜视频之后，但后来逆袭成了王者。

字节跳动是典型的项目化＋团队制的组织模式，产品经理是企业的核心岗位。互联网大公司的佼佼者如马化腾、雷军、张小龙、陈林都曾是产品经理，伴随着他们作为产品经理的成功，他们不仅实现了个人事业的腾飞，也以榜样作用在塑造着下一代的产品经理文化。

⑨ 项目组合和项目进化

项目化是一个试错的平台，可以在上面运行若干个项目。项目多了以后，固然会增加多项目管理的复杂性，但是多项目可以通过分类分级来管理，变成一个个的项目群、项目集，这个道理跟中国传统的道家思想"一生二，二生三，三生万物"是相通的。

项目可以通过分裂变成更多的项目，也可以合并。就像芬尼克兹裂变式组织一样，这需要组织保持一种开放的状态。这种项目间的分裂或合并不是靠领导的指示，而是依据项目自身的发展、客户的需求来决定的，无论分裂还是合并，始终与环境高度互动与配合。

有了项目化这个平台以后，企业的创新就能像病毒一样快速地分裂，不断地进化。一旦遇到紧急情况，需要收缩或合并，也不要害怕。这种伸缩的延展性来自项目的灵活性，而且成本压力也不大。

因为项目本身有很强的弹性，有时候我们不需要把人才招致麾下，而是可以通过社会项目联合创新的方式把外部人才连接进来。社会上有很多自组织、自由职业的专业人士，他们不属于任何一家公司，但他们可以为任何一家公司工作。我们通过合作协议的方式，很容易把他们连接到企业里来。

企业甚至可以不用雇很多人，也仍然能够完成很多项目，这是互联网时代做事的一种基本方式。企业能够最大化利用互联网平台提供的好处，让那些自我雇佣的专业人士在家里为企业服务，而不用像传统企业那样负担他们的五险一金和未来的退休金。

最关键的是，人年纪大了思想难免老化，公司要是倡导创新，那些在公司待了一二十年的资深老员工反而可能成为最保守的阻碍力量。通过混序的方式，组织让年轻人冲在前面做项目，让老功臣们出钱当股东，这就解决了企业中新人老人"新陈代谢"的问题，最大限度避免了组织老化。

通过内部的项目 PK 和内部的 VC（风险投资），让企业保持年轻态，轻装上阵，这样就构建了一种能够自我进化、自我适应的内部敏捷创业的生态型组织。项目化组织的自我更新换代快，这就是混序的项目化组织在迎接互联网时代残酷竞争的最大优势。

⑩ 美国红帽公司的开放式组织

美国红帽公司是世界上最具革命性的软件公司，被福布斯誉为顶尖的创新公司和理想的工作场所。它跻身标准普尔500 指数之列，在 2018 年以 340 亿美元的价格被 IBM（国际商业机器公司）收购。

红帽公司总裁吉姆·怀特赫斯特先生曾经邀请我为他的新书《开放式组织》（*The Open Organization: Igniting Passion and Performance*）作序，这让我有机会全面了解到开源平台和外部项目合作的一种新型的组织模式。美国的红帽公司向我们展示了一个典型的项目 + 团队 + 开源社区，以开放型合作驱动创新的企业案例。怀特赫斯特先生塑造了红帽公司的开放式文化，把很多传统层级制职业经理人转变为以团队模式工作的开放式项目的领导人。同时，它也让我了解到一个脱胎于互联网社区的开源创业团队如何构建一个全新的现代平台化组织。

最让我感到振奋的是，红帽公司基于开放性、透明度、参与度和合作性而建立起来的组织和管理模式，正是我最近两年大力倡导和建构的混序管理模式的典型代表。在移动互联网时代，无论是吉姆·怀特赫斯特先生所说的开放式组织，还是马化腾所说的生物型组织，或是凯文·凯利所说的蜂群式自组织，其内在的动力和结构特质就是混序。混序解决了控制与活力、制度与创新、秩序与自由、守成与创造的根本矛盾，是移动互联网时代崭新的发展观和方法论，是新的时代背景下最新管理实践的结晶。可以说，红帽公司的开放式组织代表了一种混序的组织模式和管理方法。

开放代表了对传统层级、边界、权力和控制的超越，呈现的是一种去中心化的"混"的状态，"混"即"混沌"，是以道家为代表的中国古代传统哲学思想，是"天道"；在开放的同时保留部分层级和行政架构，让开放的能量和活力能够有序落地，强调秩序、差异，是以儒家为代表的另一类中国传统思想，是"人道"。因此，《开放式组织》所体现的混序思想，完美呼应了东方传统文化中的"天人合一"。混序和秩序的融合，在控制和失控之间，在秩序与自由之间，在理性与人性之间，在确定与不确定之间，在一致与多元之间，是简单性和复杂性的内在关系和存在状态，它既代表了一种组织结构，又代表了一种管理理论，既是一种世界观，又是一种方法论。

VISA（维萨）创始人迪伊·霍克认为，混序组织有几个主要特征：向下授权、分布式管理、独立的自组织、去中心化控制。这些在红帽公司都体现得非常充分。要创造一个开放式组织，领导者首先要开放，放下自己的权力欲望和层级意识，学会激励和启发，才能创造组织中的混沌生态，才能让组织的创造力和活力迸发出来。红帽公司从一个开源软件的社区团队开始，延续了互联网开源理念形成的开放式文化，用这种社区的开放式文化驱动创新的涌现，这正是目前传统企业转型和升级过程中所缺乏的。

开放式组织同时调动了内部和外部的积极参与，对机遇的反应速度更快，通过组织外部的资源和人才启发、激励并赋权给各个层级的员工，让大家以可靠的方式共同行动。这就意味着同时拆掉了两堵墙：一个是公司与客户、供应商、合作伙伴之间的墙，成为向社会敞开的平台；另一个是公司各个部门和层级之间的墙，形成以目标和创新为导向的团队式组织。而这种"平台＋团队"的混序方式，正是互联网企业具备快速创新能力的根本保障。

红帽公司的开放式组织是一种类似生态系统、自完善、自进化的去中心化组织。有序系统由于在其最接近混乱状态边缘上拥有最高的灵活度和创造力，从而具备了一种"自优化""自提升"的功能，通过内部竞争和协同机制，使创新

和系统进化持续发生，具备了应对动荡变化环境的适应能力
和反脆弱能力。

谷歌也是开放式组织和混序管理的先行者。《重新定义
公司》（*How Google Works*）一书提到，要创新，要缔造混沌，
要为创意精英们打造一个混沌的空间，在此不受层级的干扰，
不受官僚制的束缚。此处请注意看，有首先就意味着有其次。
原文说，首先要缔造一个混沌，其次是严格的制度和流程，
就是严格的"序"。通过混沌的方式提出好的创意，通过强
有力的秩序和执行获得结果。前面是自由自在的创新空间，
后面是强有力的组织保障流程和严格的控制手段，就像孔子
讲的"随心所欲不逾矩"，我经常讲的"混出创意、序出结果"
也是这个意思。

也有中国企业在这方面取得突出成就，比如腾讯。马化
腾提出的"生物型企业"和"灰度法则"，就是在混沌中确
定未来的创新和方向，进而迈向开放的、没有疆界的互联网
新生态。马化腾认为，创意、研发并不是创新的源头。如果
一个企业已经成为生物型企业，开放协作度、进化度、冗余
度、速度、需求度比较高，创新就会从灰度空间源源不断涌
出。从这个意义上讲，创新不是原因，而是结果；不是源头，
而是产物。企业要做的，是创造生物型组织，拓展自己的灰
度空间，让现实和未来的土壤、生态充满可能性、多样性。
所以说，腾讯是中国的开放式组织。

开放式组织是适应互联网时代特征的组织结构方式，是

面向未来的组织方式，与这种组织方式相对应的管理，我们称之为混序管理。混序管理的核心思想是在组织中既要有混沌和自由，又要有秩序和统一；既要有开拓创新，也要有标准化的守成与复制；既要有内部创业，又要有标准化流程。谷歌、阿里巴巴、腾讯、华为都是如此。华为两年前对外宣布打造以项目为中心的组织，就是对科层制官僚系统的宣战。一些新兴的互联网公司，比如优步，就是典型的"三人小组＋平台"的结构，三人小组是"市场经理＋运营经理＋联络经理"。这个小组到各个市场进行复制裂变，但其战斗力和核心能力都在平台上面。可以说，开放式组织和混序管理是互联网时代最具代表性的组织方式和管理模式。

⑪ 社群＋小团队的分布式自组织

硅谷的创业社区像散落在沙滩上的珍珠，小而美，内涵精深；混序部落更像大草原上的万马奔腾，大而广，气势如虹。精英创业与草根创业并不是井水与河水的关系，只要是水就离不开大海、阳光和土地，都是在同一个生态系统中相互依存。

硅谷创业社区覆盖人数不到几百万，区域特征明显，线下聚会多，人们背景和知识相似性高，适宜做高精尖突破性创新。相比之下，混序部落视野更广阔，没有地域边界，多样性更丰富，适宜全面、全员、无边界、无死角创新。

当下全球经济形势多变，大家这时候不仅不能悲观泄气，反而更应该积极主动布局尝试软经济。什么是软经济？思想、文化、知识、教育、医健、审美、阅读、娱乐、社交，这些领域都是软经济，也正是混序部落的优势所在。衰退是重混的先声，重混是新秩序的契机。

结合自己创办混序部落的社群实践，我真正体会到，开放式组织，无论是现实的，还是虚拟的，都具有强大的创造力和成长动力。混序部落设立的初衷是帮助小伙伴们创新创业，通过社群的方式为大家牵线搭桥，实现平台共享和资源整合。并没有宏大的战略，也没有具体的目标，更没有实现规划的路线和商业企图，它完全是一个模仿自然生态发展起来的虚拟社群。在 6 年时间里，混序部落已经有 4500 多个部落，存活了 2000 多个；孵化项目 630 个，存活了 260 多个；创立品牌 870 多个，存活了 330 个；创立公司 70 多个，存活了 32 个。项目社群众筹金额超过 5000 万元，培训创业者 200 多万人次，创造各类就业机会超过两万个，混序小伙伴遍布世界 25 个国家，吸引了大约 60 万人参与其中。

其实，我自己只管理了最开始的 3 个部落，另外的 1900 多个部落都是小伙伴们自己裂变出来的，像 DNA（脱氧核糖核酸）复制和细胞分裂一样，以自然的方式发展起来的。每个部落都有自己的主题，但各个部落之间是开放的，没有边界，大家可以在不同部落之间自由穿行，跨界混搭，多元交融。社群还诞生了一个新的职业，我们把它称为"社群企业家"，他们就是一群通过社群项目连接人、激发人，并创造新事业的人。

混序部落就是这样一个线上孵化创新项目的开放式社群，每天都在产生新的可能，谁也不知道明天会出现什么。为什么不去尝试一下呢？正如红帽公司社区驱动的开放式创新，群体的智慧、思想的碰撞和共享，可以产生原本无法想象的东西。混序部落与开放式组织一样，是开放、包容、参与、共享的，像天地一样宽广，像大海一样自由。在这个平台上，还有什么新生事物不可能进化出来呢？在我看来，几乎没有。

从全球范围看，当前这场深刻的信息技术和互联网革命带来的新经济呈现了 3 个主要的形态，分别是平台经济、社群经济和共享经济，开放代替了分工，连接超越了占有，使要素和资源在新的空间和时间维度中被重新建构。这种新经济下的企业呈现的多维度、多层面、多样化的创新层出不穷，小微企业依托平台产生聚变，大中型企业内部进行裂变，形成了开放式、去中心、合伙化、自组织的各种混序性质的组织和结构。网络组织、平台组织、共享组织、社群组织、众筹众包组织，都属于开放式组织，都具备混沌加秩序的组织创新特征，充分释放了共享经济的活力。

参考文献

[1] 李文，李丹，蔡金勇，等 . 企业项目化管理实践 [M]. 北京：机械工业出版社，2010.

[2] 李文，苗青 . 触变：混序管理再造组织和人才 [M]. 北京：中信出版集团，2015.

[3] 李文 . 解放人才有创新 [M]// 何帆 . 中国 2016：寻找新动力 . 北京：中国文史出版社，2016.

[4] [美] 迪伊·霍克 . 隐形 VISA：面向未来的混序组织 [M]. 张珍，张健丰，等译 . 上海：上海远东出版社，2011.

[5] [美] 吉姆·怀特赫斯特 . 开放式组织：面向未来的组织管理新范式 [M]. 王洋，译 . 北京：机械工业出版社，2016.

[6] 任犀然 . 彩绘全注全译全解周易 [M]. 北京：北京联合出版公司，2014.

[7] 任犀然 . 彩色图解道德经 [M]. 北京：中华华侨出版社，2016.

[8] [以色列] 尤瓦尔·赫拉利 . 人类简史从动物到上帝 [M]. 林俊宏，译 . 北京：中信出版集团，2015.

[9] [英] 凯伦·阿姆斯特朗 . 轴心时代：塑造人类精神与世界观的大转折时代 [M]. 孙艳燕，白彦兵，译 . 海口：海南出版社，2010.

[10] [美] 凯文·凯利 . 必然 [M]. 周峰，董理，金阳，译 . 北京：电子工业出版社，2016.

[11] [美]W. 克里格·里德 . 神经元领导力：让团队追随你的秘密 [M]. 王芳芳，巫琼，译 . 北京：人民邮电出版社，2018.

[12] 冯友兰.中国哲学简史 [M].涂又光,译.北京：北京大学出版社,2013.

[13] [英]尼尔·弗格森.广场与高塔：网络、阶层与全球权力竞争 [M].周逵,颜冰璇,译.北京：中信出版集团,2020.

[14] [德]弗里德里希·克拉默.混沌与秩序：生物系统的复杂结构 [M].柯志阳,吴彤,译.上海：上海科技教育出版社,2010.

[15] 王景琳,徐匋.庄子的世界 [M].北京：中华书局,2019.

[16] [美]拉斯·特维德.创新力社会 [M].王佩,译.北京：中信出版集团,2017.

[17] [美]黛安娜·马尔卡希.零工经济：推动社会变革的引擎 [M].陈桂芳,译.北京：中信出版集团,2017.

[18] [日]三木雄信.人人都是项目经理 [M].朱悦玮,译.北京：北京时代华文书局,2020.

[19] [英]马特·里德利.自下而上：万物进化简史 [M].闾佳,译.北京：机械工业出版社,2017.

[20] [美]斯坦利·麦克里斯特尔,坦吐姆·科林斯,戴维·西尔弗曼,等.赋能：打造应对不确定性的敏捷团队 [M].林爽喆,译.北京：中信出版集团,2017.

[21] [美]凯文·凯利.科技想要什么 [M].严丽娟,译.北京：电子工业出版社,2018.

[22] 王诗沐.如何能低成本地快速获取大量目标用户,而不是与竞争对手持久战？ [EB/OL].网易云课堂.